PUBLICATIONS DE LA SOCIÉTÉ DES FOUILLES ARCHÉOLOGIQUES

MISSION ARCHÉOLOGIQUE
EN ARABIE

SUPPLÉMENT AU VOLUME II

COUTUMES DES FUQARÂ

PAR LES

RR. PP. JAUSSEN & SAVIGNAC
Professeurs à l'Ecole Biblique de Saint-Etienne, Jérusalem

Ouvrage publié avec le concours de l'Académie des Inscriptions et Belles-Lettres
Fondation Louis de Clercq

PARIS
LIBRAIRIE PAUL GEUTHNER
13, RUE JACOB, 13

1914 (paru en 1920)

MISSION ARCHÉOLOGIQUE
EN ARABIE

COUTUMES DE LA TRIBU ARABE DES FUQARÂ

PUBLICATIONS DE LA SOCIÉTÉ DES FOUILLES ARCHÉOLOGIQUES

MISSION ARCHÉOLOGIQUE EN ARABIE

SUPPLÉMENT AU VOLUME II

COUTUMES DES FUQARÂ

PAR LES

RR. PP. JAUSSEN & SAVIGNAC

Professeurs à l'Ecole Biblique de Saint-Etienne, Jérusalem

Ouvrage publié avec le concours de l'Académie des Inscriptions et Belles-Lettres
Fondation Louis de Clercq

PARIS
LIBRAIRIE PAUL GEUTHNER
13, RUE JACOB, 13

1914 (paru en 1920)

AVANT-PROPOS

Ces quelques pages sur les « Coutumes de la tribu arabe des Fuqarâ » contiennent les notes ethnographiques recueillies au cours de notre dernière expédition en Arabie. Et ces notes auraient dû prendre place à la fin du volume II de notre « Mission Archéologique », mais ce volume II se compose déjà de plus de 600 pages, l'illustration non comprise ; il ne pouvait être démesurément augmenté. De plus, il a paru préférable d'imprimer, en un fascicule séparé, ces renseignements sur les Fuqarâ, pour faciliter à ceux qui s'intéressent à ces questions l'acquisition de ce petit livre sans les obliger à acheter le gros ouvrage consacré à l'archéologie, à l'épigraphie et au récit du voyage.

Ces pages ne font pas double emploi avec « les Coutumes des Arabes au pays de Moab » (1) ; elles supposent plutôt la connaissance de cet ouvrage pour les notions générales sur la vie bédouine. Et c'est pour ce motif que nous y renvoyons volontiers le lecteur. De plus, ce petit livre rapporte les usages d'une tribu qui habite à 400 ou 500 kilomètres au sud-est de Kérak et de Ma'ân et qui a ses pratiques propres, ses usages, son autonomie et sa vie intime. Il renferme des données nouvelles et fournit au lecteur un ensemble de renseignements sur cette tribu et la région qu'elle habite. C'est un supplément au volume II de notre « Mission Archéologie en Arabie ».

On voudra bien considérer ces notes comme étant une simple

(1) A. Jaussen, *Coutumes des Arabes au pays de Moab*, chez Gabalda, Paris.

contribution à l'étude des Arabes, sans autre prétention que celle de l'exactitude et de la vérité objective. Lorsque de plus amples renseignements auront été ramassés, il sera temps de penser à la composition d'un ouvrage bien ordonné et complet. Pour le moment, on relate des faits, parfois un peu au décousu, comme la marche du nomade à travers la steppe.

COUTUMES DE LA TRIBU ARABE DES FUQARÂ

CHAPITRE PREMIER

TRIBU ET FAMILLE

§ 1. — La tribu arabe des Fuqarâ

Les Fuqarâ forment aujourd'hui un groupement distinct et homogène parmi les nomades de l'Arabie du Nord. Officiellement, ils sont désignés sur les registres du Gouvernement sous le nom de *'aštret al-Faqîr*, la tribu du Faqîr ; chez eux et parmi leurs voisins ils sont connus sous la dénomination de *'Orbân al-Faqîr* (1), les Arabes du Faqîr, les Arabes qui appartiennent au Faqîr (2), qui le suivent. Ces 'Orbân sont groupés autour d'un cheikh, nommé en ce moment Muṭlaq, qui étend son autorité sur la tribu entière. Celle-ci est divisée en neuf *ḥamâ'il* حمائل, ou clans dont voici les noms : aš-Šufeiqah, al-Ḥamdân, al-Ğenâ'ât, al-Meġâsib, az-Zuârḥah, ar-Rešeidah, al-Ḥeğûr, as-Seqârah, al-Ġamâḥlah. La *ḥamûleh* se divise en *'ahel*, famille. On dit la famille d'un tel, ou mieux encore : un tel et sa famille.

L'ancien mot *baṭn*, pour désigner la tribu n'est pas connu, mais on emploie le mot *faḫiḏ*, pluriel *afḫâḏ* (فخذ pl. أفخاذ) pour indiquer les sub-

(1) Faqîr, signifie « pauvre » ; il est le singulier de Fuqarâ.

(2) Le mot qawm قوم est employé dans le sens de 'orbân, chez les nomades.

divisions. Il est difficile de bien définir l'essence et la composition de ces afḫâḏ; tout reste flou et indécis dans l'esprit du bédouin. Cependant, ces intelligences incultes ont essayé de se créer une histoire ou tout au moins de recueillir leurs traditions. Et ce n'est pas sans une certaine satisfaction que notre interlocuteur Qofṭân nous déclinait sa généalogie (1) dans les termes suivants :

Qofṭân est fils de Ḫalaf, fils de 'Oṯmân, fils de Rumayiah, fils de Mubârik, fils de Ḫabîr, fils de Ṣâleḥ, fils de 'Amdân, fils de Šufeiqah, fils de Râšid, fils de Ḫumayǧil, fils de Ḥaǧâǧ, fils de Munabbeh, fils de Wahab, fils de Muslim, fils de 'Annâz, fils de Wâ'il, fils d'Adam.

Ainsi, d'après ce comput, les Fuqarâ se croient à la 18e génération depuis le premier ancêtre de l'humanité.

Râsid eben Ḫumayǧil serait le premier *faqîr* et aurait fondé la tribu des Fuqarâ. Mais une autre tradition rapporte que les Fuqarâ, les Uld 'Aly et les Beni-Ša'alan ont pour ancêtre commun Muslim fils de 'Annâz. Car Muslim eut trois enfants qui furent chacun fondateur d'une tribu : Munabbeh, ancêtre des Fuqarâ, 'Aly ancêtre des Uld 'Aly (2), Ǵelâs ancêtre des Beni-Ša'alan (3).

Le tombeau de l'ancêtre Râšid (4) est à Médâin-Ṣâleḥ. On le montrait proche du château ; mais la construction de la voie ferrée l'aurait recouvert. En fait, on ne connaissait pas parfaitement sa position. Cependant son souvenir paraît avoir été assez vivace parmi les membres de la tribu, et chaque fois, qu'après une assez longue absence, les Fuqarâ reviennent au Ḥeǧer, ils offrent un sacrifice en l'honneur de l'ancêtre. En immolant la victime, ils disent : « O Allah, voici la victime pour Râšid et pour tous

(1) Aucune tribu ne se glorifie, dans la région, d'avoir une femme pour ancêtre.

(2) Les Uld 'Aly sont appelés aussi Leida.

(3) D'après cette généalogie, les Fuqarâ appartiennent à la grande famille des 'Anezeh qui se glorifient d'avoir 'Annâz pour ancêtre. Aux 'Anezeh appartiennent aussi les Uld 'Aly qui reconnaissent pour cheikh Farḥân. Cette tribu compte plusieurs clans, *'ašâ'ir* ou *ḥamâ'il* : on nous cite les suivants : Al-Ḥamâmdah, as-Sened, al-Mereiǧân, ar-Rikâb, al- 'Oṭeifât, ad- Demǧân, al-Ḫâled, al-Mešcitah, aṭ-Ṭûalḥah. Ils confinent aux Fuqarâ vers le sud et le sud-est. A l'ouest, les Fuqarâ sont limités par une autre tribu, les Bély, qui ont pour chef Soleiman er-Refâdeh. On nous a nommé leurs principales subdivisions, *'ašâ'ir* : les Abou Šâmah, al-Fûâḍlah, as-Saḥmah, al-Wâlisah, al-'Araḍât, az-Zebbâlah, al-Ferei'ât, ar-Rumâs, al-Ma'âzlah. Au nord-ouest et au nord, les Fuqarâ se heurtent aux 'Aṭâwneh, soumis au cheikh Ḥarb (1). Parmi les principales divisions, on compte : al-Mezâidah, al-'Eqeilât, al-Ḥamâ'išah, aš-Šemâlah, aṣ-Ṣa'idâniin, ar-Rubeilât, as-Soleimât. Au nord-est, ils sont limitrophes des Ḥaweiṭât, des Šarârât, des Beni-Ṣaḫer ; à l'est, des Sâmmâr.

(4) D'après une tradition, Râšid aurait laissé quatre enfants : Šafaq, Géma', Zéra' et Ǵaṣîbah.

(1) Ḥarb est mort à Ma'ân, au mois de mars 1913.

nos morts ». Le sang est répandu à terre et la chair préparée sur place, est distribuée aux pauvres et aux assistants. Râšid fut vraiment faqîr (1), c'est-à-dire un saint en rapport constant avec Allah. Il avait le pouvoir de guérir les maladies par le simple attouchement de ses mains. Les descendants de Râšid s'appelèrent Fuqarâ, mais ne possédèrent pas comme leur ancêtre le don des miracles. « Allah ne l'a pas voulu ». Le nom de l'ancêtre, Râšid, est donné sans répugnance aucune aux membres de la tribu ; notre interlocuteur en connaît cinq ou six qui le portent actuellement. Mais les Fuqarâ, dans les circonstances difficiles, à la guerre par exemple ou à la razzia, n'invoquent pas le secours de Râšid, leur ancêtre, à la manière des Beni-Sâḥer ou des Ḥaweiṭât (2).

L'ancêtre des Fuqarâ aurait habité d'abord à Hédiyeh, au sud d'el-'Ela ; car à ce moment-là, nous assure-t-on, la région de Médâin-Ṣâleḥ était occupée par d'autres Arabes. D'après la tradition, les premiers habitants s'appelaient Ẓafîr (ظفير) ; ils vinrent du sud et s'établirent au Ḥégr. Mais ils ne purent résister à l'attaque des Beni-Hélâl qui les chassèrent et les obligèrent à fuir vers l' 'Irâq où leurs descendants vivent encore, dit-on, sous la domination d'Eben Sûeit. Les Beni-Hélâl furent heureux à Medâin-Sâleḥ jusqu'au jour où une famine cruelle décima les hommes et fit périr les troupeaux. Devant cette calamité, le fameux Abou Zeid monta sa jument et se dirigea vers l'ouest. Dans sa marche rapide, il atteignit Tunis où il fut frappé de la fertilité des campagnes. En toute hâte il revint vers sa tribu et dit à ses Arabes : « A Tunis règnent l'abondance et le bonheur. Si vous pouvez vaincre les habitants, tout le pays vous appartiendra ; si vous ne pouvez remporter la victoire, vous habiterez avec les indigènes ; ils vous recevront ». Les Arabes répondirent : « Le pays où nous sommes fait périr nos femmes, nos enfants et notre bétail ; nous voulons le quitter pour marcher sous ta conduite ». Ils partirent et s'emparèrent de Tunis où ils s'établirent. Ils ont laissé en Arabie un grand renom de sagesse et de bravoure (3). Aux Beni-Hélâl succédèrent les Beni-Ṣaḥer qui restèrent dans la région jusqu'au jour où ils purent s'emparer des terres qu'ils occupent aujourd'hui.

Les Šarârât qui avaient remplacé les Beni-Ṣaḥer furent chassés par les

(1) Sur le pouvoir du faqîr, v. *Coutumes des Arabes*, p. 385 ss.

(2) Sur cette pratique, v. *Coutumes des Arabes*, p. 313, ss.

(3) La curiosité des Fuqarâ fut vivement piquée lorsqu'ils apprirent que nous avions voyagé avec des arabes de Tunis : « Est-ce vrai, nous demandèrent-ils, qu'ils sont plus grands que tous les autres hommes, et que les plus petits d'entre eux ont deux mètres de haut ? »

Fuqarâ qui sont les maîtres du Ḥeğer (1). On pourrait dire que c'est leur centre d'opération bien qu'il soit à une des extrémités de leur territoire. Les limites de ce territoire sont, d'après leurs indications : au nord, Ḥešem Ṣana' entre Dâr el-Ḥamrâ et Mo'aẓẓam ; à l'est, Teima ; au sud, Kheibar et à l'ouest, le Ḥarrah. Dans sa plus longue étendue, il peut avoir sept ou huit jours de marche. C'est un champ relativement restreint pour les migrations continuelles d'une tribu nomade. Mais les Fuqarâ ne sont pas très nombreux ; leurs tentes s'élèveraient au chiffre de 120. A supposer une moyenne de quatre à cinq personnes par maison, on arriverait à un total de cinq à six cents âmes pour la tribu entière. Plusieurs Fuqarâ nous affirment cependant qu'ils dépassent un millier de personnes. Cette assertion choque visiblement notre interlocuteur ordinaire, Qofṭan, qui clôt la discussion par la formule si connue : « *'Ilm 'ind Allah*, Allah connaît la vérité ».

Malgré leur nombre, petit en soi, et presque insignifiant comparé à celui des puissantes tribus environnantes, les Fuqarâ occupent un rang parmi les nomades et jouissent d'une certaine réputation de bravoure. Par caractère, ils sont portés plus que leurs voisins, à la maraude et au pillage, et ils exécutent une razzia avec une rapidité et une hardiesse qui les rendent redoutables. Ce courage lui-même est admirablement servi par la nature du terrain qu'ils habitent. Car les environs de Médâin-Ṣâleḥ renferment des cachettes introuvables, de vrais repaires de brigands où aucun ennemi n'oserait se hasarder sans s'exposer à un désastre certain. Notre guide, Moḥammed, nous le faisait remarquer avec un air de satisfaction pendant notre voyage à Teima. En traversant les gorges profondes qui environnent el-Ḥeğer, il nous disait : « Ici nous sommes à l'abri de nos ennemis ; ici nous ne craignons même pas les armées du Sultan ». Notre brave Moḥammed exagérait cependant ; car, en ces dédales effrayants de gorges profondes et de vallées qui s'entre-croisent, on ne rencontre ni assez de pâturages pour les troupeaux ni suffisamment d'eau pour les hommes et le bétail, et nous lui rappelions que la faim fait sortir le loup du bois.

La vérité de cet adage sautait aux yeux au moment de notre présence parmi les Fuqarâ. Une longue sécheresse avait détruit les touffes d'herbe et même les buissons qui croissent au fond des vallées, et nulle part les chameaux ne trouvaient une nourriture suffisante. Les réservoirs naturels, creusés dans le rocher, qui conservent l'eau de pluie, étaient à sec depuis

(1) D'après la tradition actuelle, les différentes tribus qui ont vécu à Médâin-Ṣâleḥ, sont venues du Sud. Ces souvenirs locaux paraissent conformes à l'histoire.

longtemps. La tribu entière était dans l'anxiété; le cheikh Muṭlaq cherchait des pâturages au loin. Déjà un de ses petits-fils, Šahab, avait émigré à six jours à l'est de Teima chez les 'Anezeh, pour donner à ses chameaux une nourriture nécessaire. Pour les Fuqarâ comme pour les autres tribus, la question des pâturages (1) est de la plus grande importance. Ils ont de nombreux chameaux ; ils élèvent aussi du petit bétail : moutons et chèvres. Le haut plateau qui s'étend entre Médâin-Ṣâleḥ et Teima n'est pas dépourvu de terrains herbeux, de plaines et de bas-fonds où le gazon croît avec une certaine abondance. Même dans la vallée profonde qui s'étend entre Médâin-Ṣâleḥ et el-'Ela, l'herbe est plus vigoureuse et plus abondante et les troupeaux aiment à y paître de longues journées. Mais cette fertilité du sol dépend de la pluie. Lorsque celle-ci tarde dix-huit mois ou deux ans, le terrain sablonneux se dessèche complètement et la végétation ne tarde pas à disparaître. Alors commence la misère pour les Fuqarâ qui sont privés du lait de leurs troupeaux. Beaucoup d'entre eux auraient de ce chef à supporter d'amères souffrances; plusieurs même succomberaient aux privations s'ils n'avaient pour subvenir à leurs besoins une autre source de revenus : les cultures de Kheibar (خيبر).

Un fait est à remarquer lorsqu'on étudie les nomades d'Arabie. Très peu de tribus vivent uniquement de leurs troupeaux (2) ; toutes celles qui sont accessibles à notre connaissance directe dépendent plus ou moins de l'agriculture. Et nous prenons ici le mot agriculture dans son sens le plus large. Nous n'avons pas, pour le moment, à faire la preuve de cette assertion pour chaque tribu ; mais nous sommes heureux d'en vérifier l'application chez les Fuqarâ. Comme pour tous les autres renseignements, nous aurons confiance en leurs dires, n'ayant pu constater de nos propres yeux l'existence des faits.

La mère nourricière des Fuqarâ serait Kheibar. Cette localité divisée en trois parties appartenant à trois tribus différentes est abondamment pourvue d'eau ; c'est pour cela que la culture y est en honneur. On y

(1) Dans l'intérieur de la tribu, les pâturages sont au premier occupant. Mais une tribu voisine n'a le droit de pacage que suivant les usages des nomades, cf. *Coutumes*.... p. 117.

Les Fuqarâ tolèrent que les tribus voisines, en paix avec eux viennent abreuver leurs troupeaux aux puits de Médâin-Ṣâleḥ. Sur ces puits v. JS. *Mission*..., II, p. 105, s.

D'après la tradition actuelle, ces puits auraient été creusés au temps de la Ǧâhiliyah, lorsque Ṣâleḥ fut envoyé aux Ṯamoud. Pour la nappe d'eau souterraine, les Fuqarâ disent qu'elle vient de la mer qui est sous la terre.

(2) Sur les rapports entre la vie nomade et l'agriculture, v. *Coutumes des Arabes*..., p. 240 ss ; 255 ss.

cultive des céréales et surtout le palmier. Les nomades Fuqarâ ne se livrent pas eux-mêmes au travail du tiers du terrain qui leur appartient : ils confient cette tâche à des fellahs qui restent attachés à la glèbe et prennent soin des terrains aux conditions suivantes.

La palmeraie reste la propriété (1) du Faqîr ; le fellah arrose les palmiers, les entretient, cueille les dattes et prend le tiers du revenu : les deux autres tiers sont réservés au propriétaire, au Faqîr. Celui-ci arrive, vers la fin de l'été, assiste à la cueillette, met dans des corbeilles ou presse entre des nattes sa provision de dattes qu'il conserve soit sous sa tente, soit dans une maison à Kheibar.

La culture des céréales est laissée à la libre disposition des fellahs qui sèment du blé, de l'orge et des lentilles. La récolte leur revient de plein droit, sauf la paille qui reste aux Fuqarâ, et 100 mesures de céréales pour chaque puits ; cette dernière taxe constitue le droit de l'eau, *ḥaq al-mâ*. La culture des oignons — fort estimée — et celle du tabac — non moins appréciée — se pratique librement sauf la légère rétribution accordée au propriétaire du champ : deux ou trois pleines corbeilles, *fûâṭy*, corbeilles tissées avec des branches de palmier.

Par ce simple exposé, on voit comment les Fuqarâ, puissamment aidés par le lait de leurs troupeaux, parviennent à se procurer la nourriture indispensable.

A ces revenus, il faut ajouter la *ḫâwah* (خاوة) (2) perçue par les Fuqarâ sur les gens de Teimâ et les habitants d'el-'Ela. En ces deux localités, chaque maison est obligée de leur payer un meğîdy par an.

D'autres ressources étaient fournies aux Fuqarâ par le grand pèlerinage syrien : le ḥağğ achetait chaque année le droit de passage sur les terres des Fuqarâ au prix de mille meğîdys (3). Maintenant le ḥağğ passe en chemin de fer, mais les nomades de Médâin-Ṣâleḥ n'ont point renoncé à leurs usages. Un arrangement est intervenu entre les cheikhs et le Gouvernement, non seulement pour le passage du ḥağğ mais pour l'établissement de la voie ferrée et la libre circulation des trains. Voici la pension qui est payée chaque mois aux principaux membres de la tribu : cette liste est éloquente par elle-même :

(1) Le droit de propriété individuelle chez les Fuqarâ est reconnu et admis : chaque jardin de Kheibar a son propriétaire; chaque troupeau aussi. La terre de pâturage, seule, *arḍ Šamsiyeh*, appartient à toute la tribu par indivis. A Teima et à el-'Ela, chaque jardin a son propriétaire.

(2) Cf. *Coutumes des Arabes*...., p. 162, s.

(3) En passant, le Ḥağğ laissait encore quelques sacs de riz et de burgul.

Muṭlaq cheikh de toute la tribu reçoit	60	méğîdys	par mois.
Sulṭân, cheikh secondaire	25	»	»
Šahab	25	»	»
Moḥammed el-'Abîd	15	»	»
Moḥammed fils de Muṭlaq	15	»	»
Meš'ad	15	»	»
Met'ab	15	»	»
'Obeid	15	»	»
Selim	15	»	»
Et-Tihy	15	»	»
Ṭalaq	12 1/2	»	»
	227 1/2		

Chaque mois les Fuqarâ touchent donc la somme de 227 1/2 méğîdys, soit presque 1.000 fr. de la part du gouvernement. Et dans cette somme, on ne compte pas les 162 méğîdys qui sont distribués chaque mois aux 13 surveillants des Fuqarâ chargés de garder la voie entre Ḥešem Šana' et el- 'Ela (1). On est en droit de s'étonner de cette profusion d'argent distribué aux nomades, mais cette conduite est inspirée par la politique. On voulait construire la ligne du chemin de fer et on désirait pousser les travaux activement : c'est ce qu'on a fait. Mais pour atteindre ce but, il fallait écarter le premier des obstacles : l'opposition du bédouin qui voyait de mauvais œil la construction du chemin de fer. Le bédouin a été acheté à prix d'or. L'intention du gouvernement est assurément de mettre fin à cette servitude dès que les circonstances le permettront, dès que son autorité sera suffisamment forte pour maintenir dans l'obéissance les remuants fils du désert. Déjà les habitants de Ma'an ne touchent plus la pension qui leur avait été servie au début. Quand prendra-t-on une résolution semblable envers les Fuqarâ? Il n'est guère possible, sans témérité, de formuler un pronostic à ce sujet. Vraisemblement, on attendra que les deux ou trois cents soldats destinés à Médâin-Ṣâleḥ soient bien établis en une bonne caserne munie d'excellentes pièces d'artillerie. Alors on prendra des résolutions. Pour le moment, les Fuqarâ voient arriver chaque mois le payeur qui remet consciencieusement aux intéressés la somme convenue. Ils sont enchantés de cette *générosité du Sultan* qui en l'espace de deux ou trois ans a considérablement amélioré leur situation.

(1) Notre interlocuteur, Qofṭân est un de ces surveillants et reçoit 12 1/2 méğîdys par mois. Comme il devient vieux, il s'est choisi un remplaçant qui fait le service en son nom. Il lui donne la moitié de la paie et garde l'autre moitié pour lui.

En effet, avant l'établissement de la voie ferrée, c'est à peine si le cheikh pouvait entretenir une jument. Au moment où nous traçons ces lignes, plus de quinze membres de la tribu possèdent des juments de race qu'ils nourrissent avec l'orge apporté par le *babour*, des plaines de Moab.

De plus, avant le fonctionnement du train, aucun Faqîr n'avait du pain à manger toute l'année (1); rien qu'un petit nombre même pouvait en goûter de temps en temps, car les récoltes de Kheibar étaient loin d'être suffisantes. Mais la situation se modifie rapidement. Aujourd'hui la farine de froment commence à être apportée à Médâin-Ṣâleḥ et les Fuqarâ, nous l'avons constaté, savent l'apprécier : décidément le pain de froment leur paraît être une nourriture meilleure que les dattes de Kheibar.

Pendant notre séjour au Ḥeğer, nous avons vu arriver du désert de Feğer où étaient campés les Fuqarâ une caravane de chameaux. Les membres de la famille du cheikh venaient acheter de la farine au magasin de l'entrepreneur M. Denti (2). Le petit-fils de Muṭlaq en demandait dix sacs pour son compte. On le voit, le cheikh marche en tête dans ce mouvement vers le progrès. Ce vieux Muṭlaq, à barbe grisonnante, détient l'autorité d'une main puissante. Malgré son âge, il dirige sa tribu avec vigueur et une grande sagesse. Les arabes lui obéissent. Veut-il envoyer un Faqîr en message dans une autre tribu ? Son sujet est obligé d'exécuter cette mission et personne n'oserait résister à l'ordre du cheikh. Celui-ci ne jouit pas cependant d'un pouvoir discrétionnaire. Il ne pourrait pas, comme Eben Rašîd, s'emparer arbitrairement de la tente ou des troupeaux de ses administrés. Si, d'aventure, il désire obtenir une jument de race qui est entre les mains d'un membre de la tribu, il la demande au propriétaire qui ordinairement la lui cédera de plein gré, mais qui n'hésiterait pas à résister à ses violences s'il prétendait s'en emparer de force. Il est cependant un cas où Muṭlaq a le droit d'imposer sa volonté : en temps de guerre. Il peut obliger ses sujets à prendre les armes. Si quelqu'un refusait de lui obéir en cette circonstance, le cheikh peut détruire sa maison et faire périr ses troupeaux pour le contraindre à défendre la tribu. Mais ce sont des cas extrêmes. La vie de chaque jour est plus calme et n'est pas témoin de semblables violences. Assis sous sa tente, il apaise les discussions, rétablit la paix, ramène la concorde parmi des gens

(1) Cf. *Coutumes des Arabes*..., p. 256.

(2) Dans le commerce avec les autres arabes des tribus voisines, les Fuqarâ ne possèdent ni poids ni balance : ils échangent leurs marchandises contre d'autres marchandises.

prompts à se fâcher comme de grands enfants, mais en somme soucieux d'une bonne entente indispensable. En un mot, il exerce les fonctions de juge suprême (1). Il s'occupe aussi des relations de sa tribu avec le gouvernement. La paix est maintenant rétablie ; mais l'état d'hostilité a duré longtemps après l'attaque des Fuqarâ contre le qalaâh de Médâin-Ṣâleḥ (2). Un officier vint de Damas pour rétablir la bonne entente ; il distribua quelques pièces d'or, attacha quelques décorations à la poitrine de ces fils du désert. On immola quelques moutons ; la majorité des Fuqarâ vint prendre part à un repas où les grandes marmites de cuivre, pleines de riz et de viande, satisfirent les appétits les plus développés. La paix fut ainsi consolidée. L'argent distribué chaque mois par le Gouvernement en est le ciment le plus durable.

Si, pour le moment, Muṭlaq n'a rien à craindre du côté du Sultan, il ne jouit pas de la même sécurité lorsqu'il jette un coup d'œil sur l'horizon et considère les Arabes qui l'environnent. Sauf les Ḥaweiṭât d'Abou Tâyeh et la plus grande partie des 'Aṭâwneh qui sont en paix avec les Fuqarâ, tous les nomades qui les entourent sont sur le pied de guerre : les Bely, la majeure partie des Uld 'Aly, les Heteim qu'ils viennent de piller dans une razzia récente, les Ḥarb, les Šammâr, les Beni-Ša'lân, les Šarârât (3). De quelque côté qu'ils se tournent, ils aperçoivent des ennemis à leurs frontières ; ils sont obligés d'être constamment sur leurs gardes pour éviter une surprise désagréable. Lorsque mutuellement ils se seront

(1) La procédure dans le jugement chez les Fuqarâ se distingue peu de celle qui est usitée chez les Arabes du nord. (*Coutumes*..., p. 188, ss.)

La vérité doit être prouvée par deux témoins. Si leur témoignage ne suffit pas, on a recours au serment solennel, devant Allah. Le serment est toujours accepté, à moins que trois témoins ne déposent en sens contraire.

La *rizqah* est donnée au juge, généralement, par le demandeur.

Dans la région, trois juges fameux voient régulièrement les affaires difficiles arriver à leur tribunal :

Du'ayrah (دعيرة), Bağândy (بجاندي) et Muhayd (مهيد) Ce dernier habite près de Deir-ez-Zôr, chez les 'Anezeh.

Le bédouin obligé, à la suite d'un crime, de sortir de sa tribu, *ğalwy*, *maṭrûd*, est contraint de rester loin des siens pendant sept ans. Après ce laps de temps, il fait la *daḫalah* chez un chef et commence les négociations pour conclure la paix. Son protecteur oblige les parents de la victime à entrer en composition et à accepter la *muddah*. Le prix du sang, *diyah*, est de cinquante chameaux ou huit cents mēğîdys. On évalue à la moitié de la diyah l'amputation d'un bras ou d'une jambe ou la perte d'un œil.

Quant aux blessures de moindre importance, le *qaṣṣâṣ* en apprécie la gravité et d'après son estimation, le coupable est condamné à payer.

(2) JS., *Mission*... I, p. 107.

(3) Malgré cet état d'hostilité on peut envoyer un messager qui sera respecté par les tribus voisines ; cf. JS., *Mission*..., II, p. 16.

volés de nombreux chameaux; lorsqu'ils auront de part et d'autre perdu plusieurs guerriers, ils feront la paix. Au moment de notre présence parmi eux, ils se préparaient à la lutte; nous aurions préféré la paix pour la réalisation de nos projets et la facilité de nos expéditions. Chaque fois que nous demandions un guide pour une sortie autour de Médâin-Ṣâleḥ, nous nous heurtions à cette objection irréfragable : la guerre existe entre nous et telle tribu. Deux expéditions seulement nous ont été possibles : et au prix de quels efforts! Le voyage très périlleux de Teima et la fugue bien plus hardie exécutée à Ḥereibeh, malgré les autorités, malgré les Bely, malgré les fanatiques habitants d'el-'Ela (1).

Au milieu de toutes ces hostilités, Muṭlaq, le cheikh rusé (2), conserve son sang-froid. Maintenant il est trop vieux pour prendre part à des expéditions guerrières. Après avoir rempli ses devoirs de juge et d'administrateur suprême, il s'occupe de sa propre maison et des biens qu'Allah lui a donnés. Il possède une belle jument de race et un troupeau de quarante chameaux; il a aussi quelques têtes de petit bétail. Mais il se glorifie surtout de ses jardins de Kheibar plantés de cinq cents palmiers. Sa fortune n'est pas énorme, mais la pension du gouvernement lui est d'un grand secours et lui permet d'offrir généreusement l'hospitalité à ses hôtes, sous sa tente. Muṭlaq a épousé plus de vingt femmes et sa famille a été nombreuse. Aujourd'hui il ne possède qu'une seule épouse. Il compte encore cinq filles vivantes et rien que deux fils alors qu'il en a eu quinze ; treize sont morts, la plupart à la guerre ou à la razzia.

Dans la tribu, on se préoccupe déjà du successeur de Muṭlaq. Aucun de ses deux fils n'est orné des qualités requises pour un cheikh, et tous les yeux semblent se porter sur son petit-fils, Šahab. Ce dernier est remuant, ambitieux, intelligent. Malgré les vives compétitions qui s'élèveront à la mort de Muṭlaq, il saura faire prévaloir ses prétentions (3), à moins qu'un de se parents ne se débarasse de lui. Ces moyens violents et sanguinaires sont d'un usage moins fréquent chez les Fuqarâ que chez les Eben Rašîd; mais ils ne sont pas tout à fait inouïs. L'habile Šahab le sait fort bien ;

(1) Au dire des Fuqarâ — et leur dire est conforme à la tradition — les anciens habitants d'el-'Ela étaient des Juifs. A l'apparition de Mahomet, ils refusèrent d'embrasser l'Islamisme. Alors Allah envoya contre eux des mouches énormes qui leur mangèrent le nez.

(2) Sur l'autorité de ce cheikh arabe, il n'y a rien à ajouter à ce qui a été dit dans *Coutumes*.., p. 127, ss. Muṭlaq ne perçoit pas l'impôt sur ses sujets. Il réclame un cadeau lorsque ses arabes reviennent d'une razzia fructueuse. Il a droit d'intervenir dans les dissensions privées des gens de sa tribu et d'imposer les conditions de paix.

(3) Sur la succession au cheikhat v. *Coutumes des Arabes*..., p. 217, ss.

il se tient sur ses gardes. Il s'applique maintenant à accroître son influence, ses richesses et le nombre de ses partisans.

* * *

En temps de paix, les rapports des Fuqarâ avec les tribus voisines sont soumis aux lois générales du désert. Sur leur territoire, ils ne laissent paître les troupeaux que de leur *ben 'amm*, les Leida. Quant aux autres arabes : 'Aṭâwneh, Abou Tayeh, Bély, Heteim, etc., ils doivent payer un méǧîdy par tente chaque fois qu'ils amènent leurs troupeaux sur leurs pâturages. Les Fuqarâ, de leur côté, sont soumis à un impôt analogue, lorsqu'ils sortent de leurs frontières pour entrer sur le territoire des tribus voisines.

§ 2. La femme.

Au campement des Fuqarâ, la naissance d'une fille est accueillie sans joie, sans aucune manifestation de contentement ou de satisfaction de la part de la parenté. La mère se tait : « Ce n'est qu'une fille ! », se dit-elle tout bas. Elle ne reçoit aucune félicitation des femmes du campement. Mais si elle a le bonheur de mettre au monde un fils, la scène change. Aussitôt que la nouvelle s'est répandue, les femmes accourent à la tente de cette mère fortunée ; les cris de joie se font entendre ; les chants commencent : « Elle a enfanté un fils, qu'il soit béni ! qu'il soit béni ! » (مبروكى مبروكى) (1). Le père de l'enfant, tout joyeux de voir un héritier, cherche aussitôt une victime pour l'immoler : c'est la *rašûšet al-walad* (رشوشة الولد) (2). On l'amène devant la porte de la tente ; on la place en face de la femme qui vient d'être délivrée et on l'égorge en disant : « rašûšet al-walad ». En même temps, on prépare du bois pour allumer un feu en l'honneur de la mère de l'enfant. Il est appelé *nâr al-ḥay* (نار الحىّ) « le feu du vivant ». Il est placé sous la tente où il reste allumé pendant trois jours et trois nuits. Il est interdit d'emporter de ce feu sous les autres tentes, et de l'employer à un usage profane. On tolère seulement que les hommes s'en servent pour allumer leurs pipes. Les trois jours réglementaires étant écoulés, on le laisse s'éteindre.

(1) Les Fuqarâ donnent à leurs enfants des noms d'animaux, d'arbres, de plantes, de pierres, etc. Un faqîr est appelé *nazzâl* (نزال), « celui qui fait descendre » parce que, au moment de sa naissance, les Arabes descendaient, (نازلين), dans un campement. Un autre s'appelle *'âṣy* (عاصى) « le révolté, le stérile » ; parce que sa mère avait été longtemps 'âṣy.

(2) La racine arabe رش signifie : asperger d'eau ou de sang.

« Pourquoi, demandons-nous à notre interlocuteur, ne pratique-t-on pas les mêmes usages à la naissance d'une fille ». Il répondit : « La fille n'est d'aucune utilité : ni à son père, ni à sa famille, ni à sa tribu ; elle n'apporte rien, elle ne donne rien, elle ne fait que prendre. Elle est seulement utile à son mari. Le fils au contraire sert la famille et la tribu tout entière » (1). D'après cette réponse le point de vue utilitaire serait la norme des manifestations de la joie ou de la plus grande indifférence au moment de la naissance des enfants.

Une femme qui ne donnerait que des filles à son mari serait répudiée et remplacée par une autre à ce foyer qui n'a pas encore d'héritier mâle. On ne saurait cependant dénier à la mère des sentiments de bonté pour la fille qu'elle vient de mettre au monde ; elle lui prodigue ses soins, la nourrit de son lait, lui procure les vêtements indispensables. Elle lui enseigne aussi le travail peu compliqué du ménage, aussitôt qu'elle se trouve en état de rendre quelques services. A partir de ce moment, elle doit s'appliquer à se montrer utile : elle va chercher de l'eau, ramasser du bois, s'emploie à la préparation de la nourriture. Que son père profite, au moins pendant quelque temps, des services de sa fille ! Car l'heure n'est pas éloignée où elle lui échappera.

Le plus ardent désir de l'homme récemment marié est d'avoir des fils. Et plus nombreuse sera sa famille, plus il éprouvera de fierté et de légitime orgueil, rejetant sur Allah le soin de nourrir ses enfants et de les élever. Notre bon Qofṭan, interrogé sur la manière et les circonstances de l'enfantement, répondit naïvement n'avoir jamais été témoin de la naissance d'un enfant. D'après ce qu'il avait entendu dire, la patiente est assise sur un objet élevé, une grosse pierre ou ordinairement une selle de chameau. Assistée par les femmes qui la tiennent par le haut du corps elle est fortement ramenée en arrière. Une de ses parentes reçoit le bébé dans un pan de sa robe. Jamais le mari ne reste auprès de sa femme à ce moment critique ; ce serait pour lui une honte ; il sort de sa tente.

La femme est aussi désireuse que le mari de voir dans sa maison des garçons vigoureux (2). S'entendre appelée « mère d'un tel » est un honneur qu'elle brigue avec avidité. Et cette maternité lui procurera

(1) Malgré cette appréciation sévère, les Fuqarâ n'ensevelissent point leurs filles vivantes comme cela se serait pratiqué chez les anciens arabes. Nulle part, en Arabie, nous n'avons trouvé des traces de cette pratique et nous avons posé la question à plus de dix tribus différentes.

(2) La tradition n'a pas manqué de conserver le souvenir de faits merveilleux, à la louange de la fécondité des femmes. En voici une preuve :

Dans un campement, une femme mit au monde quatre garçons à la fois. Son mari, très

un autre avantage : elle lui gagnera les bonnes grâces de son époux. Ce dernier point revêt à ses yeux une importance aussi considérable que le premier et si d'aventure, elle remarque de la froideur dans la conduite de son mari, elle aura recours à toutes sortes de moyens pour exciter sa passion. Elle donnera par exemple, de la cervelle d'oiseau pétrie dans de la pâte : c'est à ses yeux un remède efficace pour accroître son penchant envers elle. D'autrefois, pour l'empêcher de porter son affection sur d'autres femmes, elle mélange un peu d'excrément humain dans son pain et, à son insu, le lui présente en nourriture.

Ingénieuse pour entretenir les bonnes dispositions de son mari à son égard, elle n'est pas moins vigilante à écarter de sa personne les défauts qui pourraient l'offusquer. Sous ce rapport, elle se heurte parfois à des obstacles sérieux contre lesquels elle déploie une grande activité. Veut-elle par exemple combattre la stérilité? Elle utilise tous les remèdes connus du désert. Elle a recours au sorcier pour obtenir un talisman *ḥiǧâb*, qu'elle portera avec le plus grand respect sur sa poitrine.

Elle se fait des onctions sur tout le corps avec le lait du pommier de Sodome, *ʿašer ;* grâce à ce traitement, la conception deviendra facile.

Dans les cas désespérés, elle a recours à un moyen suprême. Elle achète une chèvre noire, la fait tourner tout autour d'elle et lui dit : « Je t'implore, aide-moi ; *daḫelt ʿalayk, sâʿidny* ». Après ces paroles, elle demande à un homme de vouloir bien immoler cette victime devant elle. Ensuite, elle prend l'extrémité des pattes et les cache sous son lit ; elle a la confiance de concevoir la nuit suivante.

Toutes ces pratiques reçoivent de notre interlocuteur la dénomination un peu dédaigneuse de « occupations de femmes », *šuġul niswân*. Chez les Fuqarâ, comme parmi les autres tribus, la femme est obligée à des

content, lui prodiguait ses soins assidus. Il lui immolait des brebis, lui préparait du riz excellent et la traitait en princesse. La femme nourrissait ses quatre enfants avec aisance. Quelques temps après, elle mettait encore au monde quatre garçons. C'était une grande bénédiction pour la tente du bédouin.

Le frère de cet homme vint le trouver et lui dit : « Donne-moi ta femme, car la mienne ne m'enfante que des filles, et je veux avoir des fils pour perpétuer mon nom ». — « J'y consens, répondit le bédouin, mais sache que si tu veux avoir des enfants sous ta tente, tu dois d'abord avoir grand soin de ta femme ». Il répudia son épouse et la remit à son frère. Au bout d'un an, cette femme donna quatre garçons à son nouveau mari. Mais ce dernier négligea de la soigner ; il ne voulut ni lui immoler une victime ni lui accorder les mets qu'elle demandait. Alors cette femme mourut, et avec elle, ses quatre enfants.

A propos de ce récit, nous avons demandé aux nomades si le lévirat existait dans leur tribu. « Un bédouin peut toujours prendre la femme de son frère, nous fut-il répondu ; mais les enfants lui appartiendront et ne seront jamais attribués à son frère ».

travaux pénibles : plier la tente, la charger sur les chameaux pour changer de campement, la dresser, l'arranger, ramasser le bois, aller chercher de l'eau, préparer la nourriture des hôtes, élever les enfants. Ces détails se trouvent dans les *Coutumes*; n'insistons pas. Rappelons plutôt la conversation de Qofṭan sur les défauts et les qualités de la femme.

Le lecteur doit savoir que notre interlocuteur est un peu embarrassé pour le moment : sa compagne l'a quitté depuis deux mois et s'est enfuie à Teima. Elle ne lui a fait parvenir aucune nouvelle. Aussi n'est-il pas très sûr de la voir revenir au foyer. Il n'en est pas troublé outre mesure, si seulement il peut en trouver une autre pour la remplacer! Cet incident malencontreux a-t-il influencé le jugement qu'il porte sur la gent féminine? C'est peu probable, car ses paroles ont été approuvées par d'autres arabes; quoiqu'il en soit, à ses yeux, les femmes qui dans sa tribu sont fidèles à leurs maris constituent la petite minorité.

Le chef de famille se trouve souvent dans la nécessité de s'absenter, soit à l'occasion d'un voyage, soit pour prendre part à une razzia. Comment s'assurer, durant son absence, de la fidélité de son épouse? Il n'a sous la main aucun moyen pour acquérir la certitude. Et pour se tranquilliser, il n'aura que le témoignage de ses voisins ou de ses parents. S'il apprend au retour que de fréquentes visites ont eu lieu sous sa tente, il établit une enquête, et s'il a des preuves de l'infidélité de sa femme, il la répudie.

Lorsque le mari part pour une expédition guerrière, des femmes — et elles ne sont pas rares — ne craignent pas de dire tout haut : « S'il plaît à Allah, il ne reviendra pas ».

« A la nouvelle de la mort de leurs maris beaucoup de femmes sont contentes », dit Qofṭan. Très souvent un « *ḥamdu'l Illah* » sort spontanément : « c'est le cri du cœur, le premier », nous dit-on. La seconde parole est celle-ci : « et maintenant qui nous épousera ? »

Il serait inexact, croyons-nous, de trop généraliser cette appréciation de la gent féminine chez les Fuqarâ. Ce serait injuste envers le sexe faible qui, au désert, n'a certes pas toutes les qualités, mais qui cependant n'est pas dépourvu complètement ni de dévouement ni d'une certaine noblesse naturelle. En tout cas, il y a des usages auxquels elles ne sauraient se soustraire. Quelle que soit par exemple sa pensée intime, la femme à la mort de son mari se soumet aux lois du deuil : elle pose un voile blanc sur sa tête; elle cache ses cheveux, parfois elle les coupe; elle s'abstient de se teindre les yeux avec du koḥel. Au moment même de la mort, elle déchire ses vêtements jusqu'à la ceinture et se jette sur la tête de la terre ou la cendre du foyer; elle pousse avec des accents émus, les cris et les lamentations usités en pareilles circonstances. Avant que la chamelle du Ḍaḥiyeh ait été immolée pour le défunt, elle vit dans la retraite, et ce n'est qu'après le sacrifice de la victime, qu'en fait, elle se prépare à contracter un autre mariage.

La femme âgée et infirme n'est pas méprisée; elle est nourrie sous la tente et entourée même d'un certain respect. Quelquefois ces vieilles matrones du désert acquièrent une véritable influence dans la tribu par leur expérience et leur savoir faire. Du reste, dans le désert pierreux comme dans les fertiles campagnes des pays civilisés, la femme occupe une grande place dans la pensée de l'homme. Son souvenir hante l'esprit et le cœur du bédouin qui, dans ses longues courses solitaires sur son chameau, fredonne des chansons destinées à célébrer l'amour ou à décrire les qualités des femmes. Comme spécimen de ces poésies populaires nous donnons la suivante chantée par Abdallah al-Azraq des Fuqarâ.

1. J'ai eu un songe, ô assemblée, vers la fin de la nuit, il a ravivé mes peines de cœur que j'avais oubliées.

2. Bien qu'ils eussent réuni fagots de bois et cafetières, ils ont dormi et ont laissé seul celui dont les yeux ne goûtent pas le sommeil.

3. O toi dont l'œil est noirci par le koḥel ! ô œil ! comme une gazelle qui broute au désert !

4. Sa joue est comme l'éclair aux soirs d'orage et comme les lampes du soir dans les verres.

5. Sa salive (est douce) comme le lait des chamelles qui nourrissent leurs petits !

   Aux deux extrémités de ses lèvres minces, tu dirais des diamants!

6. Ses seins, solidement dressés, ne fléchissent pas; ils ressemblent aux champignons rouges de la plaine, le jour de la croissance.

7. Ses cheveux tressés, sur ses reins, ressemblent à des bouquets de fleurs.

   O arbre mayseh, qui croît dans le désert !

8. L'étalon n'est pas aussi patient que moi, ni le chameau chargé de fardeaux.

حلمت حلماً يا ملا تالى الليل … فطن شقا قلبي وانا كنت عازي
و لو ليّموا جذل الحطب والمعاميل … ناموا و خلوا من عيونه جوازي
عليك يا الي تدعج العين بالميل … يا عين خشفاً مرتعه بالنوازي
وخده كما برق الاعشا بالهماليل … والا قناديل الاعشا بالقزازي
ريقه حليب مخاظيات المخاليل … من ذبلن بطرافهن تقول مازي
والنهود غض مقعدا ما بهن ميل … يشدن برانيق الدحل يوم فازي
ابو قرون فوق متنه شماليل … يا عود ميس منبته بالعزازي
ولا يصبر صبري مكرم الخيل … ولا الجمال الي تشيل البرازي

1. *Ḥalimt ḥilman, ya mala', tâly el-leil*
faṭṭan šaqa qalby wana kunt 'âzy.
2. *wa law layiamû ğazel'el-ḥaṭab w'al-ma'âmîl.*
nâmû wa ḫallû man 'uyûnoh ğawâzy.
3. *Aleik yally tad'ağ el-'ayn bil mîl*
ya 'ayn! ḫišfan marta'oh bil nawâzy
4. *w ḫaddoh kana barq el- a'šâ bil hamâlîl*
wella qanâdîl el a'šâ bil qazâzy.
5. *rîqoh ḥalîb meḥâẓiyât el- maḫâlîl*
min d̲ibalan biṭrafhen teqûl mâzy
6. *w'anhûd ġ'ezz meqa'adan ma behen meil*
yšdan barânîq ed-doḥal yôm fâzy
7. *abû qurûn fôq matnoh šamâlîl*
ya 'ûd meis minbatoh bil 'azâzy
8. *wa la yaṣbor ṣabry mekram el-ḫeil*
wa la'l ğamâl illy tešîl el-barâzy.

La poésie nous a été expliquée et commentée par les Arabes : c'est évidemment le seul moyen de la comprendre. Les dictionnaires n'ont pas toujours la signification accordée aux mots par les habitants du désert. Nous notons ici quelques particularités.

1. 'âzy (عازي) a le sens d' « oublier » chez les nomades.
2. layiamû (ليموا) « rassembler, réunir ». Il suffit de recevoir quelque

temps l'hospitalité dans un campement bédouin pour savoir que le soir, le maître de la tente envoie ses esclaves ou ses femmes chercher du bois pour la nuit. La première partie de la nuit, en effet, on veille sous la tente et on boit le café. C'est la situation qui est décrite dans la poésie. Mais malgré les tasses de café et le feu, tous les gens du campement dorment, tandis que l'amoureux qui a aperçu sa bien-aimée, ne peut fermer l'œil. — ğawâzy (جوازي) « satisfaits », ne sont point enclins au sommeil.

3. Mîl (ميل) est l'instrument avec lequel on met le koḥel. On sait que les jeunes arabes aiment à se passer du koḥel autour des yeux pour accentuer leur beauté. — Nawâzy (نوازي) « endroits fertiles du désert où le gazon pousse en abondance ».

4. Ḥamâlîl (حماليل) « les jours de pluie ».

5. Meḥâẓiyât (محاظيات) « les chamelles qui allaitent » ; maḫâlîl (مخاليل) les petits chameaux qui portent le ḫulleh. Ḏibalan ذبلن (pour ذبلين) « deux lèvres minces ».

6. Yašdan « ressemblent ». Le verbe شدن est pris dans le sens de شبه. Barânîq (برانيق) « champignons rouges ». — Fâzy (فازي) « croissant ». C'est le sens donné par nos bédouins.

7. Abû qurûm (ابو قروم) « père des cornes », désigne les cheveux bien tressés (v. p. 24). Les tresses de cheveux de la jeune fille descendent sur les reins comme des bouquets de fleurs. Cette dernière signification est celle de šamâlîl (شماليل).

8. Sous une image typique, le poète exprime l'ardent désir qui le dévore.

§ 3. Le mariage.

Chez les Fuqarâ, la question du mariage est traitée d'une façon un peu différente que parmi les tribus du nord. En étudiant ces dernières, en examinant surtout les usages des demi-nomades, on est frappé du caractère vénal des négociations matrimoniales ; le mariage est presque un trafic. Un père n'hésite pas à spéculer sur le prix de sa fille et à la livrer maintes fois au plus offrant. D'après le dire des Fuqarâ, cet âpre calcul du gain ne contaminerait pas, dans leur tribu, le contrat matrimonial; le père ne compte pas sur la vente de sa fille pour s'enrichir; il n'exige pas le *mahar* ou prix d'achat (1) du jeune homme qui demande sa main. Voici dans les grandes lignes comment sont conduites les négociations.

(1) Cf. *Coutumes des Arabes*..., p. 48, ss. Il est difficile de dire si cet usage est primitif dans la tribu ou bien s'il ne remonte qu'à une date récente. La même coutume, nous affirme-t-on, est suivie par plusieurs tribus voisines : les Leida, les Ḥarb, les Ğoheineh. Les arabes Heteim

Lorsqu'un jeune *faqir*, ayant atteint l'âge de 18 à 20 ans, désire se marier, il cherche une épouse dans la tribu. Etant donné la grande liberté du désert où pastoureaux et pastourelles fusionnent souvent au milieu des pâturages ou près des puits, le choix n'est pas long à se fixer : car la jeunesse se connaît. Aussitôt que le jeune homme a jeté son dévolu sur une *faqîreh*, il se rend lui-même auprès du père de la jeune fille pour faire les premières ouvertures. Il est rare que cette demande se heurte à un refus formel de la part des parents. Sans doute, il faudra entendre les longues réclamations du père, les éloges de sa fille qu'il ne donnerait pas à un roi, tant il l'aime ; belles paroles du goût oriental qui seront appréciées à leur juste valeur par le demandeur. Mais le consentement paternel ne suffit pas, car si la jeune fille est trop petite, on attend qu'elle soit parvenue à l'âge nubile avant de disposer de son avenir. Et lorsqu'elle se trouve en état de juger elle-même de sa destinée, elle doit être consultée.

Par conséquent, après avoir obtenu la promesse du père, le jeune homme doit s'appliquer à gagner le consentement de la jeune fille. A cet effet, il charge quelqu'un de le représenter auprès d'elle et de lui transmettre ses propositions. Généralement, c'est une de ses parentes, sa mère ou sa tante, qui se charge de cette mission. La jeune fille jouit ici d'une plus grande indépendance que ses compagnes les bédouines de Moab. Dans la grave affaire de son avenir, elle ne se croit nullement engagée par la décision paternelle, et si le prétendant à sa main ne lui convient pas ou bien s'il n'a pas su gagner toutes les sympathies de son cœur, elle n'hésitera pas à rejeter ses avances, et son refus mettra un terme aux négociations. Admet-elle au contraire les propositions qui lui sont faites? On procède presque aussitôt à la célébration des noces (1).

exigent avant la conclusion du mariage, les cinq lignes, *ḫeṭûṭ*, c'est-à-dire qu'ils fixent à cinq chameaux, représentés chacun par une ligne, *ḫaṭ. plur. ḫeṭûṭ*, tracée sur le sable, le prix de la jeune fille à marier ; on pourrait y voir la preuve de l'existence du mahar ; mais en fait, les chameaux ne sont jamais donnés par le prétendant.

(1) Le jeune homme ne jouit pas tout seul du privilège d'initiative ; la femme a aussi le droit de manifester ses préférences et d'entreprendre des démarches pour arriver à ses fins. Lorsqu'une jeune fille désire contracter un mariage de son goût, elle manifeste son inclination à ses parents. Ceux-ci favorisent ordinairement de pareilles aspirations : « comme tu voudras. *'ala ḫaṭrak* », répond le père à la première confidence de sa fille. Mais il peut arriver aussi qu'une pareille ouverture de la part d'une jeune fille dérange les espérances paternelles; en ce cas, le père s'efforce d'amener son enfant à partager ses vues ; mais il ne réussit pas toujours. On rapporte que des jeunes filles, fermes dans leurs premières amours, et comptant sur l'avenir pour voir se réaliser leurs espérances, ont préféré attendre de longues années sous la tente paternelle plutôt que d'accepter un contre-parti et de sacrifier leurs affections. Rares sont les jeunes filles mariées malgré elles, comme cela se rencontre fréquemment en Syrie. Elles ne se marient pas avant l'âge de douze ans et n'attendent pas au delà de dix-huit.

Vient d'abord la cérémonie religieuse; elle a lieu en présence du ḫaṭîb. Le jeune homme arrive escorté de ses parents. La future ne comparaît pas en personne : les convenances s'y opposent, mais elle charge quelqu'un de la représenter et d'accomplir à sa place les rites traditionnels. Le ḫaṭîb prend la main du futur et la place dans celle du représentant ou *wakîl* de l'épouse et leur dit : « Obéirez-vous à la religion d'Allah et de son prophète? » Sur la réponse affirmative le ḫaṭîb continue : « Un tel fils d'un tel veut-il prendre pour épouse une telle fille d'un tel? » Nouvelle réponse affirmative; le ḫaṭîb poursuit : « Tu seras un maître gracieux et vous vivrez tous les deux de la façon la meilleure تملك بالمعروف وتشرحان بالاحسان » (1).

L'intervention du ḫaṭîb a pris fin. Le fiancé regagne sa tente où il se hâte de se procurer une victime, mouton ou chèvre; il se dirige ensuite vers l'habitation de sa future épouse et devant la porte, en sa présence, il fait le sacrifice « pour elle ». Cette immolation consacre et termine toutes les négociations.

Aussitôt on organise les préparatifs de la fête. Les femmes dressent une tente isolée à l'extrémité du campement. Parmi les chants d'allégresse, elles font la toilette de la fiancée et la conduisent à la tente préparée pour la recevoir. Toutes les femmes entrent pour s'entretenir avec elle. A la nuit tombante, le fiancé arrive pour la prendre et la conduire sous sa tente à lui; les étrangers se retirent. Une dernière fois, il demande le consentement de son épouse. Celle-ci, même à cette heure dernière, peut refuser le mariage. Dans ce cas, elle se retire sous la tente de son père. Personne ne la blâmera; elle est libre. On n'usera pas de contrainte à son égard.

Naturellement, après cette escapade, le jeune homme est parfaitement en droit de choisir une autre compagne, mais parfois il soupçonne que cet esclandre est une ruse de sa fiancée qui désire des cadeaux : bracelets et ornements. La gent féminine a cette réputation chez les Fuqarâ; elle use de tous les moyens pour obtenir la satisfaction de sa fantaisie. Elle sait, la jeune fille, que son futur mari ne cèdera pas à tous ses caprices pour les bijoux et les vêtements; du moins, elle le force maintenant à la contenter en partie. Le mari, s'il veut la gagner, est obligé de subir ses conditions : il lui envoie des vêtements neufs, des perles, des colliers. En

(1) On notera le terme ملك employé pour marquer la prise de possession du mari sur la femme; c'est le verbe usité dans l'ancienne littérature.

acceptant ces cadeaux, la jeune fille atteste publiquement qu'elle se soumet à son mari d'elle-même et se rend à sa demeure (1).

Cependant chez les Fuqarâ, le futur n'a pas l'habitude de présenter des cadeaux à sa fiancée comme chez les Arabes du Nord ; il ne lui donne même pas les vêtements nuptiaux, ni les colliers qui doivent l'orner le jour du mariage. Seulement, au moment où il entre sous la tente nuptiale pour consommer le mariage, il lui fait présent d'un méǧîdy et ce méǧîdy est appelé *mahar*.

On ne saurait nier l'attachement de l'homme pour la femme ni le désir sincère qu'il a de lui être agréable. Dans ses longues journées d'inaction, il se laisse aller au courant de ses pensées qui l'entraînent infailliblement à cet objet préféré. Son souvenir hante son esprit et son cœur ; il fredonne des chansons destinées à célébrer l'amour et à décrire les qualités des femmes. Comme spécimen de ces poésies populaires, nous donnons la suivante copiée par notre guide Ḫalîl sous la dictée de Qofṭân et contrôlée par nous.

1. O toi qui montes une chamelle rousse, ḏeloul aux deux rédifs ! sur laquelle il n'y a que la sacoche et la besace aux provisions.
2. Le gain ne me préoccupe pas ni les dettes : je n'ai aucun ennemi et ne crains pas d'être tué.
3. Rien me me préoccupe si ce n'est toi, flatterie de l'œil !
toi, dont les tresses de cheveux ressemblent à un voile.
4. Tu as deux seins de la couleur de la grenade naissante
(tu es blanche comme) des œufs de pigeon dont la nature est d'être blanc.
5. Tu as deux bras (à la couleur blanche et rouge) de la couleur de la plante *ǧamâmîr*

(1) Chez les Fuqâra on ne ferait aucune différence d'après le dire de certains Arabes, entre le mariage d'une jeune fille et celui d'une personne déjà mariée. Cependant, dans le premier cas, le jeune faqîr prépare, le troisième jour après son mariage, un mouton et un grand plat de riz qu'il pose lui-même sur la tête de la jeune épouse et la prie de porter ce cadeau à sa famille. La nouvelle mariée passe, ensuite, un ou deux jours parmi les siens, avant de rentrer sous la tente de son mari. Chez les Fuqarâ, on a l'usage d'élever la *ḫullah* ou petite tente isolée, à l'extrémité du campement. Mais ce n'est pas sous cet abri que les nouveaux mariés passent leur première journée de vie commune ; c'est dans la maison même du mari. Sur la très curieuse pratique du *ǧôz musarrib* « le mari temporaire », V. *Revue biblique*, 1910, p. 237 ss.

Au sommet d'un château où l'a placée le serviteur pour orner la construction.

6. Elle m'a saisi et je l'ai saisie, mais la séparation me menace. Je crains pour ma vie, si elle m'abandonne.

7. Sa'adyeh est belle, élancée, a l'œil doux, sa taille s'infléchit comme une bague parfaite.

1 يا راكب حمرا ذلول الرديفين   ما فوقها الا الخرج والمزهبنيا
2 لا همني مسعر ولا همني دين   ولا لي جريم وخائفا يذبحنيا
3 ما همني كود انت يا مغزل العين   يا الي قرونك بالحجاب شرعنيا
4 ابو نهدين لون طلع الرمامين   بيض الحمام ودبهن بيضنيا
5 ابو عضدين لون نبت الجمامير   براس قصر زين العبد بنيا
6 خمّن وخمّيتها وحادني البين   خطري على عمري ان فارقنيا
7 سعدية زينة مرثوة حلا عين   وسطها كما الخاتم على ذوق حنيا

1. *Ya râkeb ḥamrâ delûl ar-radîfein.*
ma fawqaha ill'al-ḫurǧ w'el mazhabanya

2. *La hammany mes'ar wa la hammany dein*
wa la lî ǧarîm wa ḫâ'ifan yadbaḥanya

3. *Ma hammany kûd enté ya maġzal el-'ein*
yally qurûnak bil ḥiǧâb šarra'anya

4. *Abu nuhudein lôn ṭala' n-rumâmîn*
beiḍ el-ḥamâm wdobbhem bayaḍanya

5. *Abu 'aḍdein lôn nabt el-ǧamâmîr*
birâs qaṣrén zayien el-'abed banya.

6. *Ḫamman wḫammeitho waḥâdiny el-bein*
ḫaṭry 'ala 'omry in fâraqanya

7. *Sa'adyeh zeineh merṯawah ḥala'ein*
wasṭho kama'l ḫâtim 'ala ḏôq ḥanya

1. يا راكب, au masculin bien qu'on s'adresse à une femme cf. v. 4. ذلول ريفين; le *rédîf* est un second cavalier qui monte en croupe derrière

le premier; l'usage arabe accepte aisément un *rédîf*; la monture peut le porter. Pour en porter *deux*, le delûl doit être de bonne race. — مزهبنيا, le sac aux provisions, de la racine زهب, munitions; 5e forme. تزهب prendre avec soi des munitions de bouche. La terminaison est ici pour l'assonance comme dans tous les vers suivants. — La bien-aimée est seule sur sa chamelle à la recherche de son amant.

2. مسعر, prix, valeur d'une chose; argent, d'après nos interlocuteurs; cf. سعر, établir le prix d'une marchandise. — جريم, gros crime, pécheur; employé ici dans le sens d'ennemi. L'amant se déclare indemne de tout ce qui préoccupe le nomade : lorsqu'il voyage, il ne cherche pas le gain, il n'est pas chargé de dettes, il n'a point d'ennemi, il n'a pas à redouter un assassinat, il n'a aucun de ces quatre grands soucis du bédouin; il n'a qu'une seule pensée, celle de sa bien-aimée.

3. كود a ici le sens de, excepté. — مغزل, objet flattant l'œil; la femme attire le regard par sa beauté. — الى = يا لتى, ô celle qui, ô toi qui. — حجاب, le voile qui enveloppe tout le corps. Ses cheveux sont si longs qu'ils la couvrent en entier. La longueur des tresses de cheveux est une marque de beauté.

4. ابو نهدين, père de deux seins. La bien-aimée est toujours apostrophée au masculin. Les belles et grosses grenades de Teima ont fourni le thème de la comparaison. Les seins sont rouges mais toute la personne est d'une belle blancheur comme les œufs de pigeon. دبهن, leur nature.

5. نبت الجماهير, serait, d'après les Bédouins, une plante rouge et blanche; cf., جمار, dans Dozy, Supplément...

6. خمّن, selon l'interprétation des Arabes, est pour خمنى, « il m'a embrassé ». Le sujet reste toujours au masculin. Lorsqu'il l'a saisie, il ne redoute qu'une chose : la séparation; si elle l'abandonne, il mourra de chagrin.

7. Le vers septième renferme le nom propre, Sa'adyeh, et achève la description.

*
* *

Les degrés de parenté qui, chez les Fuqarâ, prohibent le mariage sont les mêmes que ceux du Qoran. Un faqîr n'épouse pas les deux sœurs, quoiqu'elles soient de mères différentes. Il désire surtout prendre sa cousine, *bint el-'amm*, et rarement il est frustré dans son espoir, car de pareilles unions sont sanctionnées par l'usage.

Il est également conforme à la tradition locale d'épouser une femme de la tribu (1). Si le cheikh, pour se créer des alliances politiques, ne refuse pas d'accepter la fille d'un chef d'une autre tribu ; si en certaines circonstances, il cherche même ces relations, il ne sera pas critiqué ; mais au dire des nomades, il vaut mieux s'unir avec une fille de son peuple ; c'est plus convenable et, ajoutait un bédouin, « c'est plus honorable pour nos femmes ». Ces dernières, en effet, lorsqu'elles voient arriver dans une tente une femme étrangère, sont froissées dans leur amour propre : « Un tel n'a pas trouvé d'épouse assez belle parmi nous », disent-elles, et parfois elles font un accueil peu bienveillant à la nouvelle venue. Ce même sentiment d'attachement à la tribu les éloigne de la pensée de chercher un mari en dehors du clan. La jeune fille faqîreh n'aime pas à quitter sa terre et les siens et si une fois ou l'autre, pour des raisons majeures, quelqu'une accepte de passer dans une tribu voisine, aucune ne consentira à épouser un villageois d'el-ʿEla ou de Teima. Dans ce dernier cas, elle croirait se déshonorer, car, à ses yeux, la vie bédouine est bien plus noble que l'exis-d'un fellâh. Un bédouin n'accepterait pas non plus pour femme une fille d'el-ʿEla (2).

Dans tous ces usages, il est parfois difficile de saisir le principe qui régit les esprits : amour de la tribu, mépris pour les autres, sentiment de la force et de l'indépendance. Cette dernière idée nous paraît exprimée dans une réflexion de notre guide Moḥammed : « Nous ne donnons pas nos filles à des voisins, pour ne pas leur fournir le moyen de devenir plus nombreux et plus puissants que nous; nous les laissons dans la tribu pour qu'elles procréent des enfants qui nous défendront ».

S'il arrive qu'une femme se marie en dehors de sa tribu, elle n'oubliera pas complètement sa parenté, et demandera à son mari l'autorisation de retourner de temps en temps auprès des siens. « C'est un dérangement et une dépense », nous faisait remarquer un bédouin. Et cette réflexion montre la tendance des Fuqarâ à diminuer ces sortes de mariage.

* * *

L'adoption n'est pas d'un usage très fréquent chez les Fuqarâ. Il n'est pas inouï cependant que deux époux, privés d'enfant, voulant cependant rester unis dans une même communauté de vie et ne pas recourir à la répudia-

(1) Le *faqîr* peut épouser plusieurs femmes. Mais au jour de la résurrection, c'est sa première épouse qui restera avec lui ainsi que la première fille qu'elle lui aura donnée.

(2) Les gens d'el-ʿEla prétendent le contraire : « ils donnent leurs filles aux bédouins, nous disent-ils, mais n'acceptent pas les leurs ».

tion ou à l'introduction d'une nouvelle femme sous la tente du mari, recourent à l'adoption et acceptent chez eux un enfant étranger. Cette adoption, pour recevoir tout son effet, devra être notifiée à toute la parenté par le mari. Le consentement des proches n'est pas requis pour la validité de cet acte, qui dépend de la volonté d'un homme ; mais la parenté doit savoir qu'un être nouveau est admis dans ses rangs, avec certains privilèges. Car l'adopté, présenté ainsi à toute la parenté, a droit à la moitié de l'héritage de l'adoptant ; l'autre moitié est partagée entre les parents du défunt. Si l'adoptant ne présentait pas son fils adopté à ses proches, ces derniers réclameraient pour eux-mêmes tous les biens du défunt, et ne laisseraient rien au fils adoptif.

La formalité est donc requise pour assurer la transmission de la moitié de l'héritage. On observera que la moitié seule des biens passe au fils adopté tandis que chez les arabes du Nord les fils adoptifs recueillent toute la succession.

§ 4. La répudiation.

La répudiation de la femme est laissée à l'appréciation du mari qui, dans cette affaire, agit sans contrôle. Si son épouse ne lui plaît pas, il la renvoie ; si elle est stérile, il la répudie ; si elle ne lui donne que des filles, il la répudie ; si elle ne le sert pas avec assez de dévouement, si elle ne travaille pas avec assez d'assiduité, si elle ne veille pas aux intérêts de la maison, il la répudie. Si elle commet une faute, si elle entretient des rapports avec un autre membre de la tribu, il la répudie. S'il s'aperçoit qu'un autre homme désire sa femme, il la répudie parfois pour faire plaisir à ce rival (1).

La formule de la répudiation est fort simple : « *ṭallaqtuki*, je t'ai répudiée » dit le mari à sa femme. Cette parole suffit pour dégager l'épouse des liens du mariage et lui donner la liberté de regagner la maison de son père. Et cependant son mari peut la rappeler au domicile conjugal. Car, de l'avis de tous, la séparation n'a pas été totale. Pour la rendre irréparable, la formule doit être complétée par l'addition des termes « *'an eṯ-ṯalâṯah*, par trois fois ». Lorsqu'un faqir a répudié sa femme par ces termes, il lui est régulièrement interdit de la reprendre. Et pourtant, même après ce renvoi solennel, le mari garde une sorte de droit sur la femme ex-

(1) Pour attester la vérité d'un fait, pour engager sa parole sous serment, le faqîr n'hésite pas à prononcer la formule : « *ṭallaqt mar'aty*, je répudie ma femme », si cela n'est pas vrai. Et dans le cas où il manquerait à sa parole, il se croirait obligé de renvoyer son épouse.

pulsée de son domicile. Il lui suffit de dire : « *Inny mutanny bihâ*, je la veux pour la seconde fois », pour écarter tout autre prétendant à sa main ; l'usage lui reconnait ce droit. S'il veut renouer parti avec elle, il recommencera simplement les démarches usitées dans les négociations de mariage (1).

Chez les Fuqarâ', la répudiation peut être exigée par la femme. Assurément, elle n'a pas le droit de prononcer la formule de répudiation ; cela appartient en propre au mari ; mais elle contraint moralement celui-ci à lui rendre la liberté. Et pour atteindre ce résultat, elle déserte le domicile conjugal et se réfugie sous la tente paternelle. Or ce n'est pas l'usage d'employer la violence pour obliger la femme à la cohabitation. En présence de ce fait accompli, signe évident de son désir d'indépendance, rarement le mari refuse de prononcer les paroles de la répudiation.

Cependant, au cas où il s'obstinerait à maintenir son droit et ne voudrait pas dire cette formule, les liens du mariage ne seraient pas dissous et la femme ne saurait convoler à d'autres noces; tout le monde la considère comme étant l'épouse du premier mari.

Même, lorsqu'elle a été répudiée officiellement, elle ne passe dans la demeure d'un second mari qu'après une preuve en quelque sorte juridique de la régularité de sa situation : car un membre de la tribu ne voudrait point s'exposer à prendre pour épouse une femme qui ne serait pas totalement dégagée des liens de son premier mari : sa témérité serait sévèrement châtiée.

Lorsque le mari répudie sa femme de son plein gré, il la renvoie avec un certain décor. Au moment du départ, il lui donne des vêtements neufs et huit à dix meğîdys : c'est un droit, *ḥaqq*, disent les Arabes. Mais si c'est la femme qui exige la répudiation suivant la forme expliquée ci-dessus, elle ne reçoit rien et se retire « avec son dos ».

Si, au moment où elle est répudiée, elle se trouve enceinte, généralement son mari lui donne une chamelle, avec une charge de blé, afin de pourvoir à sa nourriture et à celle de son enfant. Mais après sa délivrance, si, le temps légal étant écoulé, elle se remarie, elle ne recevra plus rien

(1) A Teimâ, une femme répudiée *'an et-talâtah* ne peut être reprise par son premier mari qu'après avoir été épousée par un autre homme, qui l'aura répudiée à son tour. Cet usage est conforme à la tradition rapportée par Bokhari (trad. Houdas, t. III, p. 637). Chaque fois qu'on interrogeait sur cette question 'Abdallah, le fils d' 'Omar, il répondait : « Si tu as répudié par trois fois ta femme, elle n'est plus licite pour toi, tant qu'elle n'aura pas épousé un autre homme que toi ». Le vrai mariage est quelquefois remplacé par la visite du mugaḥḥaš, v. *Coutumes...*, p. 348. La tribu des Fuqarâ n'admet pas ce dernier usage, « il est trop avilissant », nous disait un faqîr. Il applique cependant la doctrine du Qoran, **2**, 231.

de son premier époux qui cependant réclamera et prendra l'enfant aussitôt qu'il pourra se passer de sa mère.

Bien souvent la répudiation a lieu à la suite d'une intrigue d'amour. Le mari, voyant un rival lui disputer le cœur de son épouse, se décide à la répudier. En cette action, parfois, il agit avec colère, croyant punir sa femme qui soupire après sa liberté ; d'autres fois, il veut simplement satisfaire un ami. On rapporte à ce sujet une histoire fort connue qui mérite de trouver ici sa place.

'Oṭallah eben Zeidan, habitant de Teima, fut pris d'un amour passionné pour Ṣârah, femme du cheikh 'Abd el-'Azîz ben Rummân ; il aurait voulu l'épouser. Mais son mari veillait jalousement sur elle. 'Oṭallah écrivit une lettre à Ṣârah, la suppliant, si elle ne pouvait actuellement venir dans sa demeure, de lui envoyer un fil de soie qui lui servait à attacher sa chevelure. Il ne tarda pas à recevoir l'objet demandé ; en le prenant entre les mains, il chanta la poésie suivante, qui s'adresse au fil et à la femme en même temps :

1. O toi qui soupires sur un sommet élevé, sur le sommet d'une haute montagne dont l'ombre en changeant persiste toujours ;

2. Sur moi est dirigé tout regard d'amour ; mes larmes, après avoir commencé à couler, refusent de tarir.

3. O fil, comme toi le fond de mon cœur est orné de qualités ; quand je t'ai vu dans ma main, mon cœur s'est ému.

4. Les cheveux qui couvrent la tête publient rapidement ta passion ; celui qu'elle a blessé, personne ne peut le guérir.

5. Je t'adjure, ô fil, par le créateur des choses visibles, de quelle tribu es-tu venu, lorsque tu es descendu dans ma maison ?

6. Si le fond de mon cœur pouvait s'arracher et se voir, le fond de mon cœur, je t'affirme, n'a point de secret.

7. O cœur, refuse de te laisser enflammer ;
il y aurait pour toi danger d'être emporté par l'amour.

8. Sa salive est un miel, recueilli aux sommets des montagnes fleuries, du sucre purifié de la région de l'Inde.

9. O douceur, ô perle, ô gazelle des pays fertiles, ô bois parfumé caché en Égypte.

1 يا ونتي ونيتها براس مشراف
براس الطويل الي اظلاله يهفي

2 تطرى على ملامحة كل ميلاف
لما انحدر عيوا دموعي تكفي

3 يا سلك كنك عرق قلبي بالاوصاف
قلبي تحرك يوم شفتك بكفي

4 غاديك سلك الغشمري نابي الارداف
الي جروحه ما لها من يطفي

5 انا انشدك يا سلك بخلاق الاشواف
من اية قبيلة يوم جيتن ملفي

6 لون عرق القلب يجذب وينشاف
لاقول عرق القلب ما به تخفي

7 يا قلب هيد لاتولع بغرياف
خطر عليك مع الهبا ثب تزفي

8 ريقه على مجعوع من راس ميهاف
او سكر عن ديرة الهند صفي

9 يا عذب يا ياقوت يا ظبي الارياف
يا عود ريحان بمصر خفي

1. *Ya w'enty wa neitha berâs mišrâf*
berâs eṭ-ṭûîl elly ẓelâlah yeheffy

2. *Taṭry 'alay melâmaḥat kul mîlâf*
lamma'nḥader 'ayiû demû'y tekaffy

3. *Ya silk kunnak 'areq qalby bilawṣâf*
qalby teḥarrak yôm šuftak bikaffy

4. *Ġâddik silk al-qašmery nâby 'l-ardâf*
illy ğurûḥah ma laha min iṭaffy

5. *Ana 'nešdak ya silk beḥallâq al-aśwâf*
min ayah qebîleh yôm ğitan melaffy

6. *Lauwen 'areq el-qalb yeǧḏob winšâf*
la'qûl 'areq el-qalb ma bah teḫaffy

7. *Ya qalb, hayied la tewalla' beǧeryâf*
ḫaṭren 'aleik ma'al-habâ'ib tezeffy

8. *Riqah 'asal maǧmû' min râs mihâf*
aw sukran min-dîret el-hind ṣaffy

9. *Ya 'aḏeb, ya yâqût, ya ẓaby 'l-arydâf*
ya 'ûd riḥânan bi maṣer ḫaffy

§ 5. Le pouvoir paternel.

Chez les Fuqarâ, le père jouit du même pouvoir que chez les Arabes de Moab (1). Il laisse plus de liberté à ses filles au moment où se pose la question du mariage. Mais il sait se faire respecter, même par un fils indocile. Un fait raconté par Qofṭan exprime clairement la conception des Fuqarâ sur ce sujet.

Un membre de la tribu, nommé Sâleḥ, vit un jour son fils arriver à la tente avec une chamelle prise à la razzia. Il réclame la bête pour lui, en vertu du principe : que l'enfant est au père et travaille pour le père. Le fils refuse de se désaisir de son bien, et pour échapper à l'autorité paternelle, a recours à la protection d'un voisin par la *daḫalah.* Il se met ainsi en état de révolte. L'affaire est portée devant le qâḍy. Par sentence judiciaire, le fils rebelle est condamné à se soumettre à la volonté de son père. Ce dernier, en apercevant son fils sous sa tente, le tue d'un coup de fusil. Les Arabes approuvèrent cette action en disant : « Celui qui n'obéit pas à son père, on ne sait ni d'où il est, ni qui il est ».

Un chef de famille a le droit de chasser de sa maison son fils insoumis, mais il ne peut le priver totalement de sa part d'héritage. L'enfant expulsé viendra en temps voulu réclamer la portion qui lui appartient d'après la coutume bédouine.

Les filles ne sont pas comptées comme héritières. A Teima, elles réclament un sixième de la fortune laissée par le père, mais c'est une pratique dérivée du Qoran ; elle n'est pas admise par les Fuqarâ chez lesquels les enfants mâles seuls partagent l'héritage (2). L'aîné jouit du privilège

(1) Cf. *Coutumes des Arabes*, p. 17 ss.

(2) Si un faqîr ne laisse en mourant qu'une fille, celle-ci reçoit un tiers des biens, et laisse le reste aux parents du défunt ; s'il laisse deux filles, chacune d'elles prend un tiers et les parents du défunt recueillent le troisième.

du droit d'aînesse, le droit du plus grand, *ḥaqq al-kebîr* (حق الكبير). S'il y a, par exemple, un troupeau de chameaux à partager, l'aîné en prendra un de plus que les autres ; s'il y a une somme d'argent à diviser, il réclamera le dixième en plus de sa part.

En principe, ce sont les fils et non point les petits-fils qui recueillent l'héritage. Cet usage a été transgressé dernièrement par une décision de Muṭlaq, cheikh des Fuqarâ. Des quinze fils qu'il a eus, il ne lui en reste que deux ; les autres sont morts, en laissant une postérité. Muṭlaq veut que ses petits-fils participent à son héritage au même titre que ses fils. Ainsi Šahab, fils de Dereʿy qui est mort, recevra en héritage la part que ce même Dereʿy, fils de Muṭlaq, était en droit d'attendre. La famille du cheikh a accepté cette mesure.

D'après nos interlocuteurs, la grande tente de Muṭlaq n'appartiendra pas nécessairement à celui qui lui succèdera dans l'autorité du cheikhat, mais à celui qui l'obtiendra en partage. Et ce dernier devra entretenir la femme du cheikh, si elle veut rester sous cette tente.

La belle jument de Muṭlaq appartiendra à celui qui la détiendra au moment de sa mort (1).

*
* *

Dans la famille, le pouvoir de l'oncle, *ʿamm* (عم) est parfois plus grand que celui du frère. Le ʿamm, oncle paternel, est plus proche parent que le *ḫâl* (خال) oncle maternel.

§ 6. Esclaves (2).

L'esclavage, dans sa forme brutale et dégradante, est officiellement aboli dans l'empire ottoman. En fait, il existe, sous une forme mitigée, parmi les tribus arabes, et les nomades ne sont pas offusqués par l'idée de ce commerce humain. Nos interlocuteurs nous affirment à plusieurs

(1) Sur le partage des biens, cf. *Coutumes des Arabes*, p. 20 ss.

(2) L'esclave est appelé *ʿabîd* (عبيد). En fait, c'est aux nègres qu'est réservé aujourd'hui le triste privilège de l'esclavage. Et cependant, Allah ne les a pas créés esclaves, nous dit-on. ʿAbîd, leur ancêtre, avait à l'origine les mêmes qualités et la même couleur que les autres hommes. Mais un jour, il commit une mauvaise action avec sa mère et encourut ainsi la malédiction paternelle. En le chassant de sa demeure, son père lui dit :

« Qu'Allah te donne une couleur différente de la couleur de tes frères ; tu seras vendu et tu seras acheté ». Cette malédiction, ajoute le narrateur, s'est réalisée.

En cas de nécessité, tout arabe des Fuqarâ peut vendre ses enfants. Il y a huit ans, à peine, Saʿid el-Ḥagry livra ainsi son fils et sa fille à des officiers de Damas.

reprises, l'existence de ce trafic dans les deux villes saintes : la Mecque et Médine, et nous en tracent, avec une certaine complaisance, le tableau repoussant.

D'après leur dire, il existerait encore aujourd'hui un marché public de bétail humain. Quiconque désire acquérir une de ces infortunées créatures, pénètre dans le local où elles sont gardées et examine celle qui lui plaira. Il sait d'avance le prix approximatif des différents esclaves exposés sur le marché. Les jeunes sont payés plus chers que les vieux, même que les esclaves qui ont atteint l'âge de trente ans. Une petite négresse de huit à quinze ans est vendue deux cents ou trois cents francs. L'enfant ou le jeune homme est coté de la même façon ; l'homme fait, la femme de trente-cinq à quarante ans et au dessus, sont un peu moins chers. L'acquéreur — riche pacha turc, bourgeois arabe ou cheikh nomade — préfère acheter de la « marchandise jeune » (*sic*), sans défauts et sans vices ; il y a plus de profit et plus de sécurité ; car l'esclave jeune s'attache plus fidèlement à son maître. Arrivé à la demeure de son Seigneur auquel il donne le nom de *'amm* (عم) « oncle », l'esclave docile est accueilli avec assez d'humanité (1). Il reçoit une nourriture suffisante et un habillement décent. Il est appliqué au service de la maison. Quoiqu'il jouisse d'une liberté relative, il ne peut disposer de sa personne. Pour se marier, il doit obtenir le consentement de son maître qui ordinairement ne s'oppose pas à son désir. Il s'efforce bien plutôt de le satisfaire en procurant une femme à son esclave afin d'accroître sa richesse : car l'esclave enfante pour son Seigneur. L'enfant, né sous la tente du maître, pourra, au moment voulu, se marier suivant ses désirs ; il jouit d'une plus grande indépendance que l'esclave acheté.

Si un homme n'est pas content de son esclave, il le vend et en achète un autre.

Si un esclave est tué par un arabe d'une tribu voisine, il est vengé par son maître qui exige le prix du sang ou tue un membre de la tribu.

S'il est tué par quelqu'un de la même tribu, une sanction analogue intervient : l'assassin est mis à mort, ou il est expulsé du clan, ou il est contraint à payer le prix du sang.

Si un esclave s'enfuit dans une tribu voisine, les Fuqarâ le réclament comme ils demandent un chameau égaré. Le fuyard est rendu (2), si la

(1) Dans les villes, les femmes esclaves deviennent les concubines de leur maître ; cet usage n'est pas reçu chez les Fuqarâ.

(2) L'esclave ramené à son maître, est généralement vendu par ce dernier qui redoute une seconde escapade.

guerre n'existe pas entre les deux tribus. Dans le cas contraire, l'esclave n'est pas renvoyé à son premier maître. Il peut rester dans la famille qui l'a accueilli ou sous la tente du cheikh qui lui a donné l'hospitalité. Souvent il s'attache, comme domestique, à son nouveau maître et jouit d'une plus grande indépendance. Cette situation tente bien souvent les esclaves qui sont maltraités.

A Tebouk, nous avons trouvé un nègre qui s'était enfui de chez les Zeben ; un autre esclave avait quitté la demeure des Fâiz en volant la jument de son maître. Du reste, au désert, la fuite est très facile. Et c'est évidemment par crainte de perdre ainsi leurs esclaves que les nomades se décident souvent à leur donner une liberté complète. Cet affranchissement a lieu publiquement, à l'occasion d'une circonstance un peu extraordinaire : comme le retour d'une razzia au cours de laquelle l'esclave s'est fait remarquer, la célébration de son mariage, la naissance de son fils. Son maître immole une victime et lui fait cadeau d'une tente. L'esclave est devenu libre; il a sa maison à lui. Dans son indépendance, il n'oublie pas son bienfaiteur, auquel il reste attaché par les liens de la reconnaissance et de l'amitié.

Parfois l'affranchi devient un personnage important dans la tribu : c'est lorsqu'il est le représentant du cheikh, sorte de majordome qui prend à cœur ses intérêts et remplit ses missions les plus importantes. Il est alors connu sous le nom de 'Abed « serviteur » du cheikh (1). Ce titre suffit à son autorité. Muṭlaq, cheikh des Fuqarâ, a un 'abed célèbre, Moḥammed el-'abîd un beau nègre, de haute taille, à l'aspect imposant. Il est intelligent, plein de courage et d'une fidélité proverbiale. Son père avait été acheté, tout petit, au marché public de La Mecque, par le cheikh des Fuqarâ. Il grandit sous la tente de son maître dont il ne tarda pas à gagner la bienveillance, par sa bravoure et sa droiture. A la guerre et à la razzia, il se fit remarquer par son intrépidité et sa vaillance. Dans une rencontre avec les Ḥaweiṭât, il tua de sa propre main Moḥammed, frère du cheikh 'Awdeh abou Tâyeh. Depuis lors, il passa pour un héros dans tout le désert, et conquit ainsi sa liberté. Son fils Moḥammed a hérité de sa bravoure en même temps que de sa réputation et de son autorité (2). Lorsque nous avons voulu entreprendre le voyage de Teima, c'est avec lui que nous avons traité; c'est lui qui, malgré les difficultés considérables qui s'opposaient à la réalisation de notre projet, consentit à nous conduire à travers le désert.

(1) Cf. *Genèse* 24, 1. Le 'Abed d'Abraham.
(2) Cf. JS., *Mission*, II, p. 9.

C'est encore lui qui nous accompagna dans notre première exploration de Hereibeh, près d'el-'Ela. Aux chefs du village qui nous menaçaient de mort, il opposa un courage intrépide, rehaussé par une fidélité inébranlable à notre cause.

Mais quelle que soit l'influence de Moḥammed el-'Abîd, il se souvient toujours de sa condition à laquelle il ne saurait se soustraire. Il ne pourrait prétendre, par exemple, épouser une femme libre des Fuqarâ. Aucun membre de la tribu ne consentirait à lui donner sa fille sans se déshonorer. Et pourtant, Moḥammed serait fier d'épouser une blanche ; il nous avoue son ambition ; mais il sera contraint de restreindre son choix parmi celles qui lui sont accessibles et de prendre une šarâriyeh, une heteimiyeh ou la fille d'un ṣunnâ', artisan (1). Aussitôt que ses ressources lui permettront ce luxe, il introduira sa nouvelle épouse sous sa tente.

Moḥammed el-'Abîd a son influence propre dans la tribu. Il peut réunir ses affidés et tenter un coup de main pour son propre compte. Il en a donné une preuve dans sa conduite envers les détenants de l'autorité à Teima, après notre voyage en cette ville.

Chez les Fuqarâ chaque Arabe avait, avant l'arrivée du Gouvernement, droit sur son esclave. Le chef de la tribu n'avait pas à s'occuper du traitement qui lui était fait. Aujourd'hui, les *'abîd* des Fuqarâ sont tous libres : voir, ci-dessus, p. 31.

§ 7. Le qaṣir

Les lois du *qaṣîr* et du *ṭanîb*, chez les Fuqarâ, ressemblent à celles des Arabes de Moab.

Ils appellent qaṣîr, ğâr ou ṭanîb l'arabe étranger qui vient dresser sa tente auprès de la demeure d'un faqîr, pour vivre auprès de lui et jouir de sa protection. Et cette protection doit être efficace. L'usage, sous ce rapport, a prévu et réglé les cas suivants :

Si un homme de la tribu vole une brebis au qaṣîr, il est obligé de lui en rendre quatre.

Si un faqîr tue un membre de la famille du qaṣîr, il est contraint de

(1) Sur les Šarârât, v. *Coutumes*..., p. 175. Les Heteim هتيم sont une tribu guerrière, mais ils n'ont pas une réputation supérieure à celle des Šarârât. Leur déchéance est due, paraît-il, à un crime. L'ancêtre éponyme, Heteim, dans sa jeunesse, fit le mal avec sa mère Ḥawa. Il fut maudit par son père qui lui dit : « Sors de ma tente, qu'Allah place ton bétail en proie licite à quiconque voudra le prendre ». — Les Ṣunnâ sont les forgerons Nawâr ou Tziganes qui parcourent les tribus pour exécuter les petits travaux de nécessité courante.

payer cinquante *wadḥâ* (وضحا) chamelles blanches et de fournir en même temps un berger pour les conduire aux pâturages.

Dans le cas où un Arabe refuse de se conformer à ce droit du qaṣîr, il est déshonoré dans toute sa tribu et s'expose à être rappelé au respect des usages par l'autorité du cheikh. A ce propos on nous raconte le fait suivant.

Il y a huit ans, un ʿAṭâwy devint le qaṣîr de Muṭlaq. Un arabe du campement nommé eben Rešeidân vola une brebis à ce qaṣîr, la fit cuire en secret et se préparait à la manger. Muṭlaq, informé du vol par le ʿAṭâwy, fait la visite des tentes et trouve la brebis chez eben Rešeidân. En compensation de la brebis volée, il oblige celui-ci à donner une chamelle au qaṣîr. Il accumule ensuite du bois autour de la tente du voleur et y met le feu. Eben Rešeidân se sauva seul avec sa femme.

Les droits du *daḫîl* (1) n'ont rien de particulier chez les Fuqarâ. Un faqîr qui accepte la *daḫalah* de quelqu'un s'oblige à le défendre contre son ennemi. Si ce dernier, malgré la présence du protecteur persiste dans son intention d'opprimer celui qui vient de recourir à la daḫalah, il s'expose à être tué et son sang ne sera pas vengé.

En 1908, Moḥammed eben Ǧaddûr sauva de la mort un arabe des Leida qui avait eu recours à lui. Ses compagnons voulaient le faire périr, car c'était un ennemi; déjà ils avaient tiré leurs glaives pour le transpercer; mais eben Ǧaddûr le prit entre ses bras et déclara à sa troupe qu'avant d'atteindre le Leida, le glaive meurtrier lui passerait à travers le corps. Par cette ferme attitude, il sauva le malheureux.

Au campement, Qofṭan délivra un prisonnier qui fit appel à sa bonté. L'infortuné était un arabe d'Eben Rašîd. Depuis longtemps déjà, il était garroté sous la tente. En silence, Qofṭan prépare sa jument, délie les chaînes du captif, l'installe sur sa monture et lui dit de fuir à toute vitesse. Quelques jours après, le libéré lui renvoyait sa jument avec un beau ḏelûl.

§ 8. — L'ALLIANCE, AL-MUHÂLAFAH

Lorsque deux Fuqarâ veulent s'associer avant une razzia ou une entreprise difficile pour se prêter un secours mutuel, ils contractent alliance devant une victime qui est immolée sous la tente. Tandis que le sang coule à terre, les deux contractants disent : « Nous nous associons pour

(1) *Coutumes des Arabes...*, p. 208.

le sang et la cinquième (génération) » (1). Désormais ils sont unis par l'alliance *muḥâlafah* et chacun des deux associés porte le nom de *ḥalîf* (حليف).

La muḥâlafah (2) peut se restreindre à deux personnes privées, mais elle a lieu bien souvent entre deux chefs de tribu qui désirent mettre fin à des hostilités qui les divisent. Les deux cheikhs, au nom de leurs arabes, se tendent la main droite et prononcent les paroles suivantes : « Nous sommes unis au nom d'Allah et de son prophète ; nous ne nous pillerons plus réciproquement et nous ferons ensemble la guerre à quiconque nous fera la guerre ». Cette alliance s'appelle *ṭîbah* (طيبة) ou *taṭayib* (تطيب).

Moḥammed el-Abîd nous raconte comment les cheikhs Muṭlaq et Farḥân *taṭayiabû* (تطيبوا) firent alliance. Plusieurs arabes des Leida avaient été faits prisonniers par les Fuqarâ ; Moḥammed el-'Abîd leur donna la liberté. En reconnaissance, Farḥân, leur chef, envoya un message, *ṭarš*, à Muṭlaq pour lui proposer la paix. Les deux cheikhs fixèrent un rendez-vous au désert et firent la ṭîbah suivant la forme ordinaire.

Les Fuqarâ actuels, pour contracter cette alliance, ne se mettent sur les mains ni sang ni parfum et les associés n'échangent point de cadeaux, mais les chefs se font visite mutuellement sous la tente.

§ 9. LE SERMENT

Il faut distinguer chez les Fuqarâ deux sortes de serments. Dans les circonstances solennelles, par exemple, pour la conclusion de la paix avec une tribu voisine, ou pour sceller un contrat de vente, on a recours au serment solennel. Les contractants, qui dans ces occasions sont ordinairement les cheikhs, se prennent la main l'un de l'autre et disent : « L'alliance est établie entre nous, au nom d'Allah ; qu'Allah trahisse celui qui trahira ». D'autrefois les contractants prononcent ces paroles en tenant en main leurs sabres. Très souvent, dans cette forme solennelle, le nom du prophète est ajouté à celui d'Allah et ordinairement le serment est suivi d'un sacrifice.

En dehors de l'emploi solennel de ces formules, le faqîr a sans cesse recours à des expressions caractéristiques pour étayer la vérité de son dire. En plus du nom d'Allah qui revient constamment dans la conversation, comme nous l'avons déjà remarqué, il fait mention de ce qu'il a de

(1) Cf. *Coutumes des Arabes*... p. 160.

(2) La muḥâlafah constitue les alliés dans une sorte de *Ben-'Amm*.

plus cher au monde : il affirme donc la vérité : « par la vie de mon père, par la vie de ma mère, par ma propre vie ». Il dit aussi : « par la vie du feu et de celui qui l'a fait ; par la vie du bois et du Seigneur servi ; par ma barbe ; par mon œil ». Mais toutes ces formules sont devenues d'un usage trop quotidien pour être des garanties de vérité.

L'usage en vertu duquel les contractants se tiendraient les parties sexuelles en prononçant leurs serments n'existe pas chez les Fuqarâ. On n'en trouve aucune trace, ni chez les 'Aṭawneh, ni chez les tribus du Belqâ.

Nous n'avons rien noté de spécial sur le vœu usité chez les Fuqarâ comme parmi les autres nomades.

§ 10. — LA RAZZIA.

« Nous faisons la razzia, disent les Fuqarâ, parce que nous sommes des bédouins et que les bédouins ont, de par Allah, toute autorisation pour *manger* les troupeaux des voisins ». L'unique mobile de ces expéditions est l'appât du gain. Chaque guerrier, avant de partir, escompte le bétail enlevé à l'ennemi et ramené sous sa tente. L'espoir du bénéfice le pousse, lui et ses compagnons, à franchir les déserts sous la conduite d'un chef intrépide, d'un *'aqîd* sûr. La troupe avance avec précaution. Les Arabes sont montés sur leurs *ḏelûls* et ceux qui ont des juments les conduisent par la bride. Des éclaireurs précèdent le gros de la troupe et fournissent les renseignements indispensables à la sécurité. Lorsque le corps expéditionnaire arrive auprès du campement visé, le 'aqîd prend ses dernières dispositions. Les guerriers suivis de leurs juments renvoient les ḏelûls. Si les ḏelûls leur appartiennent, ils les confient à leurs esclaves en leur donnant l'ordre de les ramener à leurs tentes. Si les ḏelûls sont la propriété d'autres Arabes qui les ont prêtés pour la circonstance moyennant rétribution, ils laissent à leurs maîtres le soin de les garder ; car, si l'ennemi les prend, c'est Allah qui l'aura voulu, mais le cavalier n'en sera point responsable.

La troupe, étant allégée, se divise en deux groupes : les *kamînîn* et les *ġârât*. Les premiers se placent en embuscade sous la conduite du 'aqîd. Les seconds, saisissant le moment où les troupeaux de l'ennemi sortent du campement pour aller au pâturage, fondent sur eux de toute la vitesse de leurs montures et s'efforcent de les enlever. Aux cris des bergers, les Arabes du campement sortent à la poursuite des pillards. Mais, soudain, les kamînîn s'élancent de leurs cachettes et engagent la bataille.

Les ġârât, après avoir poussé au loin les troupeaux volés, rebroussent chemin pour porter secours à leurs frères d'armes, les kamînîns, qui soutiennent le combat. Si les ennemis l'emportent par leur courage et leur nombre, ils reprennent leurs troupeaux et contraignent les pillards à regagner leurs tentes, les mains vides. Mais souvent la valeur et l'habileté du ʿaqîd décident de l'issue de la lutte. Les ennemis vaincus laissent aux mains des assaillants leurs troupeaux qui sont amenés au campement du corps expéditionnaire. C'est devant les tentes que, suivant les lois de l'usage, le bétail est partagé. En face du butin se tiennent debout tous ceux qui ont pris part à la razzia. Le ʿaqîd sort des rangs et choisit sa part le premier. Personne, ordinairement, ne s'oppose à son choix. Quand il a mis sa part de côté, il invite le guerrier le plus brave à prendre parmi les chameaux celui qui lui plaît davantage. Et il appelle ainsi tous les guerriers successivement pour leur faire choisir la part qui leur revient. Si après le premier tour il reste encore du butin à partager, le ʿaqîd invite une seconde fois les assistants, toujours suivant le même ordre, à procéder à une nouvelle distribution.

Les Arabes qui ont prêté leurs ḏelûls pour l'expédition ne sont pas oubliés dans cette division, lorsque le butin a été abondant.

On procède de la même façon pour le partage du menu bétail : moutons ou chèvres.

L'année dernière, les Fuqarâ s'unirent aux bandes d'Abou Tayeh dans une razzia contre les Heteim. ʿAwdeh Abou Tayeh était le ʿaqîd. L'expédition réussit. On ramena près de 400 chameaux. ʿAwdeh en prit cinq pour lui et abondonna les autres à ses compagnons (1).

Dans ces razzias les Fuqarâ ne maltraitent pas les femmes de leurs ennemis. Les Eben Rašîd n'ont pas la même délicatesse, paraît-il : ils les dépouillent de leurs ornements et de leurs vêtements.

Très souvent, les razzias se font uniquement à chameau; car les juments sont rares, chez les Fuqarâ. En ce moment, ils n'en possèdent guère qu'une quinzaine. De plus, la distance à parcourir à travers les déserts est souvent considérable et dépourvue d'eau. Les ḏélûls seuls peuvent être utilement employés.

Dans ces expéditions, il n'est pas rare de voir une troupe, *qôm*, s'emparer par erreur des chameaux d'une tribu amie (2); dans ce cas le bétail est rendu, sans condition.

(1) Sur le sacrifice au retour de la razzia, v. *Coutumes*, p. 168. Sur la part du chef de la tribu qui n'a pas été présent à l'expédition v. p. 12.

(2) Ces méprises ne sont pas rares au désert. Une troupe en marche ne reconnait pas toujours

Si le clan seul auquel appartiennent les chameaux est en paix avec les pillards, tandis que le reste de la tribu est en état d'hostilité, les chameaux sont rendus moyennant le *ǧulmaniyeh*, soit, en la circonstance, deux *méǧîdys*.

D'autres usages sont en vigueur, chez les Fuqarâ, pour le vol des juments. La jument volée reste chez l'arabe qui a été assez habile pour la prendre et l'emmener à sa tente; mais il est obligé de remettre entre les mains du premier possesseur la première pouliche qui naîtra.

Pour s'exciter au courage au moment de la lutte, les guerriers Fuqarâ aiment à prononcer le nom de leurs sœurs : « je suis le frère d'une telle », disent-ils. Moḥammed el ʿAbîd s'écrie : « je suis le frère de Ḥusna ». Ils ne mettent en avant ni le nom de leurs frères, ni celui de leurs pères. Ce dernier est prononcé dans l'expression : « Je suis fils d'un tel », employée lorsqu'on veut éviter un massacre ou préserver un ennemi de la mort.

Au milieu de la lutte, les Fuqarâ aiment à redire : « Ya ḥaẓẓ Ḥemaydy, o fortune de Ḥemaydy ! » Ḥemaydy est le père de Muṭlaq.

Ils disent encore : « hâbbîn er-riḥ (هابين الريح) soufflant le vent » (1).

§ 11. LE PRISONNIER.

Lorsque les Arabes, dépouillés de leurs troupeaux, ne sont pas assez forts pour repousser leurs assaillants, ils prennent tous les moyens pour s'assurer de quelques prisonniers de la tribu ennemie. Ceux-ci sont ligotés et conduits sous la tente. En général, ils ne sont pas maltraités; ils reçoivent, pour leur nourriture, du pain et de l'eau en quantité suffisante, mais ils demeurent enchaînés jusqu'à ce que leur tribu rende le bétail volé. Notre interlocuteur, Qofṭan, fut ainsi retenu prisonnier, *rabîṭ*, deux mois durant à Ḍabaʿ, chez les Beni-Ṣaḫer. Le soir, ses liens étaient resserrés pour qu'il ne lui fût pas possible de prendre la fuite, pendant la nuit. Fanâṭel des Beni-Ṣaḫer passa de longs mois enchaîné sous la tente des ʿAṭâwneh à Tebouk. Sa captivité se serait certainement prolongée longtemps encore sans la compassion d'une bédouine qui le délivra de ses fers et favorisa sa fuite. Nous l'aidâmes à regagner son foyer.

immédiatement un groupe d'arabes perdus dans la plaine. Et il n'est pas inouï que des bédouins de la même tribu se combattent comme des ennemis. En général, des arabes qui se rencontrent ainsi au désert, commencent à se faire des signes, au moyen desquels ils peuvent deviner leur origine. Il est nécessaire d'échanger le salut : se soustraire à cet usage, ce serait s'exposer à être traité en ennemi.

(1) Cf. *Dozy*, v. هب.

Lorsque le râbîṭ appartient au clan qui a volé le bétail, il insiste auprès des siens qui ne tardent pas à restituer.

Parfois ce n'est pas sa parenté qui détient les chameaux volés; bien plus, elle est impuissante à imposer la restitution. Alors, pour recouvrer son prisonnier, la famille emploie tour à tour la ruse et la force, essayant de le délivrer par surprise ou à main armée. Si elle ne réussit pas, elle tend des embûches à celui qui retient l'infortuné, attaque sa tente, vole son bétail et l'oblige finalement à mettre en liberté son captif.

Il arrive parfois que la famille du prisonnier n'a aucun souci de son infortune et l'abandonne complètement à son malheureux sort. Pour la rappeler à son devoir, le maître de la tente sous laquelle est attaché le rabîṭ coupe à ce dernier une tresse de cheveux et l'envoie à sa parenté en disant : « Voici les cheveux de votre enfant! Renvoyez le bétail ». Souvent cette démonstration suffit. Devant le danger où se trouve un parent d'être mis à mort, on comprend la nécessité de restituer le troupeau volé.

Si, après ce premier avertissement, le maître de la tente ne voit pas arriver ses chameaux ou ses moutons, il coupe l'extrémité de l'oreille de son prisonnier et l'envoie à sa famille en disant : « Voyez, c'est la chair de votre enfant! » La menace de mort est manifeste; elle contraint les détenteurs à la restitution.

Dans le cas d'un refus absolu de la part de l'ennemi de rendre ce qui a été volé, le prisonnier peut être mis à mort. Les Arabes regardent cette solution comme légitime. Elle est rarement usitée. Dans la plupart des cas, on se contente de couper les cheveux au rabîṭ. Après quoi, on le laisse en liberté.

Les femmes ne sont pas faites prisonnières. Ou bien si elles sont emmenées dans une razzia, elles ne sont point enchaînées sous la tente ni gardées de force. On fait exception pour les esclaves, *mamlûkât* (مملوكات); car elles sont considérées comme du bétail et peuvent être utilisées.

*
* *

Si un chameau est perdu en dehors de la razzia, le premier bédouin qui fait connaître au propriétaire l'endroit où il se trouve, a droit à recevoir un cadeau : c'est le droit de *nouvelle*, *ḥaqq al-mubâšarah* (1).

(1) *Coutumes*., p. 194.

CHAPITRE II

LA VIE INDIVIDUELLE

§ 1. Qualités physiques et morales.

Le faqîr aime la beauté autant que le nomade du nord. Il a le port majestueux, la démarche solennelle; il se drape avec aisance dans son 'aba de laine. Avec soin, il arrange ses tresses de cheveux et sa barbe courte. Pour accroître la beauté du visage, il se met du koḥel sur les yeux et veille à la blancheur de ses dents (1), blancheur comparée à celle de la grêle ou de la plante quḥwân. Notre guide Moḥammed a été décoré par l'administration du chemin de fer du Hedjaz; il est fier de porter sa médaille sur sa poitrine et de la montrer aux gens de sa tribu et surtout aux étrangers.

Le faqîr est jaloux de son honneur, *šaraf* (2); il tient à le conserver intact, surtout auprès des étrangers. Un jour que nous n'avions pu nous entendre avec un chef pour organiser une expédition, nous fîmes observer à notre interlocuteur que les arabes de sa tribu étaient avides et orgueilleux. « Non, répondit-il simplement; car tous nos Arabes savent que vous êtes chrétiens; de plus, il sont au courant de ce qui s'est passé à el- 'Ela; de la façon dont le moudîr vous a chassés; ils ont entendu les imprécations

(1) Les Fuqarâ se plaignent de souffrir du mal de dents. « Nos dents se gâtent, disaient-ils, car nous mangeons beaucoup de dattes douces ».

(2) C'est bien souvent pour accroître son *honneur*, qu'il fait une bonne action : *ḥusna* (v. *Coutumes*... p. 77, ss.) comme nourrir les pauvres, donner un vêtement, délivrer un prisonnier, etc. Lorsque Muṭlaq eut entre les mains les dix napoléons qu'il nous avait demandés pour son *plaisir*, il affecta de les distribuer aux Arabes, devant nous.

Pour les Fuqarâ, les grands saints, les grands *Šerifs*, sont les descendants de Ḥasan et de Ḥusein.

prononcées contre vous par le cheikh Farḥân qui vous déteste ; ils ont vu qu'à Teima Eben Rašîd vous a expulsés, ils savent que tout le monde est contre vous : et cependant, parce que vous êtes nos hôtes et que nous vous avons donné notre parole, nous avons décidé de vous aider à terminer votre travail et de vous procurer la satisfaction de partir contents ». Ces paroles étaient sincères ; elles ne furent pas démenties.

Le faqîr estime, avant tout, la valeur guerrière et la générosité. Au désert, le bédouin doit être en état de défendre son campement, sa tente, sa famille, tous les jours et à chaque instant ; car une razzia peut apparaître d'un moment à l'autre. De même, tous les soirs, la tente doit être ouverte aux voyageurs et aux hôtes : c'est la tradition du désert.

L'hospitalité est sacrée; jamais, nous affirme-t-on, elle n'a été violée chez les Fuqarâ ; elle est l'ornement du campement et la gloire de la tente (1).

Certains défauts grossiers sont sévèrement jugés chez les Fuqarâ, on nous en signale quelques-uns :

Ḫaššân (خشان), grossier. Cette épithète est donnée à celui qui dans une assemblée, à table, prend un morceau de viande trop gros, qu'il ne peut avaler. L'étiquette bédouine condamne cette gloutonnerie. On rapporte que dans un repas, un arabe prit un morceau attaché à un fil. Le fil s'accrocha à une dent et empêcha le morceau de descendre dans le gosier. L'arabe suffoqué craignit pour son honneur. Il se fendit la bouche, dit-on, pour permettre à ses commensaux de constater la présence du fil qui retenait la viande ; il ne ne méritait donc pas d'être appelé ḫaššân.

Naṭûl (نطول), escroc. Celui qui vole sous la tente est méprisé. Car, si la razzia au grand soleil est permise, il est honteux de s'approprier, par ruse ou adresse, un objet déposé sous une tente. Le naṭûl des Fuqarâ répond au *ḥâyef* des arabes du nord.

Šarûd (شرود), fuyard. Il est déshonoré celui qui fuit le jour de la bataille : autant le courage est exalté, autant la lâcheté est blâmée.

Qabbân aḍ-ḍayf (قبان الضيف), celui qui chasse les hôtes.

Akkâl al-amânah (اكال الامانة), celui qui gaspille un dépôt.

Illi ma fakk ḫawiyah (اللي ما فك خوية), celui qui n'a pas délivré son frère. Deux bédouins marchent ensemble sur le même chemin, ils sont frères ; ils se doivent une mutuelle assistance (2). S'il arrive une rencontre

(1) Chez les Beni-Marrah l'hospitalité comporte un usage qui n'existe pas chez les Fuqarâ. Après le repas, le maître de la tente invite son hôte à prendre le repos de la nuit avec sa femme ou sa fille. Si le fait n'est pas exact, il est du moins présenté comme tel par le narrateur.

(2) Cette solidarité existe entre les membres de la même tribu, entre les arabes qui ont mangé ensemble, entre les amis, entre les *beni-'Amm*.

fâcheuse, l'un ne saurait prendre la fuite et laisser son compagnon dans l'embarras, sans encourir un blâme.

A côté de ces défauts plus ou moins graves, le faqîr désapprouve d'autres actions qu'il qualifie de *ḫaṭiyeh* (خطيئة), péché. Se rend coupable de ḫaṭiyeh :

1. Celui qui, étant riche, mange le bien du pauvre.
2. Celui qui fait un faux serment.
3. Celui qui quitte la religion de l'Islam.
4. Celui qui trompe.
5. Celui qui calomnie son frère.
6. Celui qui n'élève pas bien sa famille.

Ces péchés sont châtiés durant la vie ou après la mort. En tout cas, dit notre interlocuteur, celui qui les aura commis, ne sera pas à l'aise au jour d'Allah, يوم الله; c'est ainsi qu'il désigne le jour du jugement (1).

Si le faqîr a ses qualités et ses défauts, la bédouine, sa compagne, n'en saurait être dépourvue.

La faqîreh aime les ornements : colliers, bracelets, pendants d'oreilles. Quelques-unes portent le *nezem*, anneau au nez (2). Dans l'isolement et la pauvreté où elles vivent, les femmes des Fuqarâ n'ont pas souvent l'occasion de satisfaire leur vanité.

Leur habillement est très simple et ne diffère pas du vêtement des bédouines de Moab. A Teima, la femme porte sur la peau le *maqṭa'* (مقطع) rouge ou blanc, sorte de chemise de la longueur du corps. Sur le maqṭa, elle revêt le *ṯawb* (ثوب) de couleur bleu foncé, espèce de grande robe traînante qui n'est pas relevée à la ceinture comme chez les bédouines. Elle n'use pas du *mašlaḥ* (مشلح), grand manteau ou 'aba porté par les bédouins et les femmes d'el-'Ela. La tête est couverte du *ġadfah* (غدفة), sorte de voile ou de grand mouchoir en coton bleu foncé qui garantit le sommet de la tête sans dissimuler les longues tresses de cheveux teints de *ḥenneh* ou de *ḥemûr* (3).

(1) Ces principes ont pour résultat d'inculquer la moralité chez les Bédouins. Ils savent du reste que l'immoralité est punie, parfois sévèrement. On raconte que chez Eben Rašîd, une fille qui manquait à son devoir et devenait enceinte était conduite, avec sa mère, devant le juge. Ce dernier les condamnait toutes les deux au feu : la fille, pour avoir commis la faute, la mère, pour n'avoir pas surveillé sa fille. On creusait une fosse; on la remplissait de bois et lorsque le feu était allumé, les deux condamnées étaient précipitées dans les flammes. Au dire de plusieurs bédouins, cet usage a aujourd'hui disparu.

(2) En général, dans cette région de l'Arabie, cet anneau est porté chez les tribus qui se rapprochent de l'Égypte. A el-'Ela cet anneau s'appelle *šanâf* (شناف). Il est mis au nez de la jeune fille au moment de son mariage. En même temps, on donne à la future les pendants d'oreille, *ḫurûṣ* (خروص) et le collier, *ṭôq* (طوق).

(3) Le ḥemûr est une pierre rouge qui se délaie dans l'eau. On emploie cette couleur seule ou mélangée avec le ḥenneh.

Ainsi étaient habillées les femmes du Cheikh Eben Rummân, à notre arrivée à sa meḍâfeh.

Chez les Fuqarâ, une fille pour être appréciée appartiendra d'abord à une bonne famille. Son éducation doit être parfaite. Suivant la règle, bédouine, au point de vue physique, on requiert d'elle : un visage aux traits réguliers, un front large et blanc, des yeux d'antilope couronnés par des sourcils noirs, des joues rouges comme la pomme mûre, des seins comme des grenades ou des œufs de pigeon, des dents blanches comme la grêle, des cheveux de la couleur de l'or.

On exige d'une femme mariée la générosité envers les hôtes, la fidélité à son mari, le dévouement à sa famille. On déteste la bédouine vicieuse : la *niyûkah* (نيوكة), celle qui cherche des amants ; la *naṭlânah* (نطلانة), celle qui dérobe sous la tente. Ces femmes-là sont méprisées de leur vivant et, après leur mort, ensevelies sans honneur.

« Quant aux bavardes, aux négligentes, aux malpropres (1), elles sont supportées chez les Arabes ».

*
* *

Le nom des défauts apparaît dans les paroles grossières et les imprécations usitées chez les Fuqarâ :

ya kalb, chien : *šardân*, fuyard ; *mal'ûn*, maudit ; *mal'ûn wâlidayn*, maudit de père et de mère ; *naṭlân*, voleur ; *qabbân ed-ḍayf*, qui chasse les hôtes ; *mufağğir* fornicateur ; *ab'al-ḫiydnât*, menteur, trompeur ; *niyûkah*, prostituée, etc.

§ 2. Les maladies.

La vie du nomade, en plein air et sous la tente, est très saine, mais elle se développe au milieu de trop grandes privations et a une pauvreté trop lourde pour compagne. Aussi, loin d'être exempte de maladies, n'est-elle souvent qu'un tissu ininterrompu de souffrances. La connaissance du nom de quelques-unes de ces maladies et des efforts des pauvres bédouins, dépourvus des moyens scientifiques, pour les écarter et les combattre, peut contribuer à une plus juste appréciation de la vie bédouine. Dans ce but, nous signalons quelques-unes des épreuves qui affligent les

(1) D'après Qofṭan, les femmes doivent se débarrasser de leurs poux avant de recevoir leurs maris. Du reste les poux sont une preuve de bonne santé. Ils sortent de la peau des gens qui sont gras et vigoureux. Les chétifs, les maigres, les faibles ne sauraient avoir des poux !

Fuqarâ et nous indiquons sommairement les remèdes employés pour les combattre :

Rîḥ fi'l baṭen (ريح في البطن), maladie d'entrailles. Remède : *ṣamġah* (صمغة), gomme.

'Umm ğunûb (ام جنوب), maladie d'entrailles et du côté. Remède : pointes de feu.

aṭ-ṭarf (الطرف), refroidissement suivi de fièvre et de vomissement. Remède : pointes de feu.

al-farfâr (الفرفار), douleurs aux bras et aux jambes. Remède : on immole une brebis et avec la peau toute chaude et les entrailles fumantes on enveloppe les membres du patient.

az-zard (الزرد) douleur au cou. Remède : pointes de feu autour du cou.

al-bağel (الحكل), syphilis. Remède : poivre et beurre mélangés ensemble et absorbés par le patient. Le malade ne se nourrit que de dattes et de pain sans levain, pendant une semaine. Il s'abstient de viande, de leben et de tout commerce avec les femmes.

al-ğadry (الجدرى) la petite vérole. Remède : bonne nourriture épicée; ne pas s'exposer au grand air.

al-'aqanqaš (العقنقش) genre de variole.

al-hobayğeh (احبيجة)

al-ḥaṣbah (الحصبة) boutons qui couvrent toute la peau; quand ils éclatent, le patient est perdu.

al-qaḥḥah (القحة) toux violente. Remède : pointe de feu.

al-burayqa' (البريقع) maladie qui tord le nez et la bouche. Remède : pointes de feu sur les gencives. Le patient demeure caché sous une étoffe rouge, sous la tente. Pendant quarante jours, on ne lui donne à manger que du pain.

al-akleh (الاكلة) maladie du nez. Remède : inhalation de vapeur d'eau dans laquelle on a fait bouillir une plante aromatique.

aš-šaqrah (الشقرة) maladie qui attaque les os et fait enfler les jambes. Remède : la diète. On place, sur le membre malade, les cendres du fruit de la coloquinte (حنظلة, حنند لة).

al-ḥabbeh (الحبة) bouton. Remède : pointe de feu.

al-ḥuṣr (الحصر) rétention d'urine. Remède : la plante *rešâd* (رشاد) (cresson?) est mise dans un vase plein de lait, qu'on fait bouillir. Le malade boit cette potion qui le guérit, généralement.

'umm ẓell (ام ظل), maladie d'yeux. Remède : pointes de feu autour des yeux.

Pour combattre la constipation, les Fuqarâ se servent de la graine de coloquinte. Ils utilisent aussi la plante *al-ġazâleh* (الغزالة). D'après nos arabes, al-ġazâleh répond au *ḥalablûb* de Syrie ; c'est la mercuriale, plante laxative. Ils connaissent aussi la plante *sanâ* (سنا) le séné à feuilles purgatives, ainsi que *al-kafnah* (prononcé aš-Šafnah) (الكفنة) petite plante qui produit un fruit rouge (1).

Il est intéressant de constater comment ces pauvres bédouins savent utiliser, quoique sur une échelle bien restreinte, la propriété des plantes du désert dont ils ont appris à connaître la vertu et le nom.

§ 3. Le choléra.

Le choléra est une épidémie fort connue des Fuqarâ. Peu d'années s'écoulaient, avant la construction du chemin de fer, sans que le terrible fléau jetât l'épouvante dans les campements. En ce temps, les pèlerins de La Mecque traversaient lentement Médâin-Ṣâleḥ ; ils y faisaient même une station. Comme ces pèlerins étaient rarement indemnes de tout germe épidémique, la maladie éclatait souvent parmi les Arabes. Les Fuqarâ, attirés par le désir de profiter du passage du ḥaǧǧ, se hâtaient de faire leurs transactions, et, aussitôt que la caravane avait disparu, ils regagnaient le désert. Mais souvent, ils emportaient les microbes avec eux. Si quelqu'un d'entre eux tombait, frappé du mal terrible, on lui donnait à boire de l'eau et du lait, et on le laissait mourir tranquillement séparé des autres. Si l'arabe, atteint du fléau, était éloigné du campement, on l'empêchait d'y venir ; il mourait dans la brousse.

Aujourd'hui, le ḥaǧǧ passe rapidement en chemin de fer. Les inconvénients sont moindres pour les Fuqarâ ; mais ceux-ci redoutent toujours le fléau et pour s'en préserver, observent leurs coutumes anciennes : ils font un sacrifice solennel, un *fédû* (2). Une victime est amenée devant les tentes et conduite tout autour des habitations. Ensuite, elle est immolée : « c'est le rachat du mal ». C'est le fédû. Le sang, recueilli dans le *Sâǧ*, est jeté sur les chameaux et les colonnes de la tente, comme préservatif contre l'épidémie. Les hommes ne sont pas marqués avec le sang.

A Teima, on ne fait point de sacrifice pour conjurer le mal, et on ne connaît aucun remède pour l'écarter. L'année dernière, le choléra dura un mois et emporta une centaine d'hommes. « C'est Allah qui l'avait envoyé ».

(1) Ce fruit, après avoir été rôti, est broyé et mélangé avec un peu d'alun. On obtient ainsi une poudre qui est employée contre le mal d'yeux.

(2) Sur le *fédû*, v. *Coutumes*..., p. 361.

A el-ʿEla, on a l'habitude de faire un fédû pour l'arabe qui est frappé du choléra. Une victime est amenée auprès du malade autour duquel elle est promenée. Elle est ensuite immolée devant lui : le sang est caché en terre et la viande est distribuée aux pauvres.

§ 4. La nourriture.

Les Fuqarâ étant une tribu nomade se nourrissent du lait, *leben, ḥalîb*, de leurs troupeaux de chamelles surtout : les brebis et les chèvres sont en petite quantité (1). Le pain est connu. Aujourd'hui, la farine arrive directement de Damas à Medâin-Ṣâleḥ par le chemin de fer du Hedjaz. Les Nomades trouvent excellent le pain de froment et dès que leurs ressources le leur permettent ils se procurent cette alimentation de luxe. Toutefois, ils ne sont pas en état d'en jouir tous les jours, quoique ce soit plus souvent que dans le passé. Avant la construction du chemin de fer, le blé était apporté à dos de chameau, d'el-Wedj, port sur la mer Rouge, ou bien de Kérak où se réunissent les Arabes pendant l'été pour faire leurs provisions de froment et d'orge. A Teima, les Fuqarâ trouvaient également quelques sacs d'orge et de blé. A Khaybar, la culture du blé n'est pas inconnue mais elle n'est guère plus développée qu'à el-ʿEla (2). Le pain n'est pas encore la base ordinaire de l'alimentation chez ces nomades : ce sont les dattes. A notre arrivée à Teima, le cheikh Eben Rummân n'a eu que des dattes à nous présenter. Les Fuqarâ possèdent une grande palmeraie à Khaybar ; elle est entretenue et cultivée par les *ʿabîd*, domestiques (esclaves) noirs. En compensation de leurs peines, les ʿabîd gardent pour eux un tiers de la récolte. Les deux autres tiers sont pour le propriétaire (3). Au moment de la récolte, les Fuqarâ dressent leurs tentes auprès de Khaybar. Les dattes fraîches sont empilées et serrées dans des

(1) Les habitants de Teima louent aux Bédouins leurs chameaux pour les travaux d'irrigation. Ils entretiennent quelques troupeaux de chèvres et de brebis au désert, sous la responsabilité d'un berger bédouin.

(2) Cf. JS, *Mission...*, II, p. 40.

(3) La situation de ces ʿabîd à Khaybar n'est pas trop dure. Ils sont obligés de travailler la terre, car le bédouin, si pauvre soit-il, ne s'abaisse pas à cette occupation. Mais ils reçoivent de leurs maîtres la maisonnette dans laquelle ils logent, ils ont le tiers des dattes ; ils peuvent cultiver un jardin pour eux ; cependant les oignons, paraît-il, sont pour la cuisine du maître. L'orge et le blé qu'ils sèment leur reviennent, mais la paille est réservée aux chameaux du propriétaire. Le tabac cultivé appartient au nomade. Au moment de la récolte, à Khaybar, les pauvres se présentent en grand nombre. Les familles aisées leur abandonnent un ou deux palmiers dans le jardin : c'est pour le *sebîl*, nous dit-on.

peaux de chèvre ou dans des nattes bien cousues ensemble ; elles sont ainsi conservées l'année entière. A Teima et à el-'Ela, les Fuqarâ percevaient un droit sur la récolte de dattes de ces deux oasis. Ce privilège des Nomades tend à disparaître aujourd'hui (1).

A côté des dattes, le *sameḥ* présente une nourriture substantielle. Plante grasse qui croît naturellement, en très grande abondance au désert, elle produit une gousse remplie de petits grains (2). Ces grains sont moulus et la farine obtenue fournit un pain fortifiant. Nous avons parlé ailleurs de la nourriture fournie par les sauterelles bien apprétées (3). La viande est très rare, chez les Fuqarâ. A l'occasion d'une grande fête seulement, ou dans une circonstance extraordinaire, le bédouin tue un mouton ou un chameau. Le riz accompagne toujours le mouton, mais il est souvent servi seul, avec du beurre (4). Le riz est apporté d'el-Wedj.

Les produits des jardins conviennent fort bien à ces estomacs habitués aux dures privations du désert. Dans les jardins de Teima, on connaît la figue, *et-tin*, le raisin, *el-'anab*, l'orange, *el-burtuqân*, le citron, *el-leimûn*, le cédrat, *el-'utranǧ*, la grenade, *er-rummân*, la pastèque, *el-baṭṭiḫ*, la tomate, *al-banadôrah*, l'aubergine, *el-badinǧân*, la courge, *el-gara' el-kûsah*, les haricots, *el-lûbiyâ*, l'oignon, *el-baṣal*, le radis, *el-fiǧel*. La pomme de terre, *el-baṭâṭah*, commence à être cultivée.

Le café, le sucre et le thé étaient apportés d'el-Wedj ou de Damas (5) à travers le désert. Maintenant les boutiques de Médâin-Ṣaleḥ sont pourvues de tous ces articles. Le chemin de fer les transporte presque gratuitement, afin de permettre aux marchands de les livrer, à Médâin-Ṣâleḥ, au même prix qu'à Damas. Cette facilité a été établie surtout en faveur des employés de la ligne et du personnel militaire. Les indigènes profitent un peu de cette libéralité.

Les Fuqarâ se procurent ces articles de consommation avec l'argent que leur donne la vente de leurs troupeaux de chameaux ou de moutons. Ils savent aussi tirer profit de la laine et du beurre.

(1) Muṭlaq, le cheikh des Fuqarâ, recevait jusqu'à ces derniers temps, un *méǧidy* de chaque famille.

(2) A notre retour de Médâin-Ṣâleḥ, nous avons vu toute la plaine, entre Tebouk et Medawwârah, couverte de sameḥ.

(3) JS. *Mission*... II, p. 140 et ci-après.

(4) Les instruments de cuisine sont des plus simples, sous la tente : une marmite *qeder* (قدر) un plat, *ṣaḥen* (صحن) ; les vases nécessaires à préparer le café, *ḍalâl* (ضلال). Le plat dans lequel Muṭlaq présente la nourriture aux arabes s'appelle *hušân* (هوشان) ,à cause de sa capacité.

(5) Un certain Abou Ḥalâwch de Damas avait un magasin à Teima.

Mais les nomades ne sont pas les hommes les plus privilégiés sous le rapport de la nourriture. Souvent le bédouin souffre de la faim dans la steppe déserte. Pressé par la nécessité, il demande à la végétation qui l'entoure un soulagement mesquin pour son appétit inassouvi. Les herbes ou plantes naturelles mangées par les Fuqarâ sont les suivantes (1).

1° *'Amṭa* (عمطى), cf. أسطي, (Hafner).
2° *Yahaq* (يهق), cf. ايهقان, (Freytag).
3° *Ḥammâd* (حماد), cf. حمادة, (Dozy).
4° *Ḥammaṣîṣ* (حمصيص), cf. حمض, (Dozy, Hafner). Nos Fuqarâ prononcent ص et non ض et redoublent le *mîn*.
5° *Sa'dân* (سعدان), (Hafner).
6° *Ḥawḏân* (حوذان), (Hafner).
7° *Ḥalwah*, (حلوة), cf. حلاوى, (Freytag).
8° *Liḥiyat et-teis* (لحية التيس), (Hafner).
9° *Karraṯ* (كراث), (Hafner).
10° *Ṭayṭa* (طيطا).
11° *Ḥwwâ* (حواء), (Hafner).
12° *Ṭarṯûṯ* (طرثوث), (Dozy).
13° *'Awayherreh* (عويهرة).
14° *Ḥemayyah* (حمية).
15° *'Eṭer* (عطر).
16° *Šeḥîr* (شخير), cf. شخر (Freytag).
17° *Felayġ* (فليغ).
18° *Kemâ* (كما), (Dozy).
19° *Hawber* (هوبر).
20° *Šemaymah* (شميمة) (2).
21° *Rayḥânah* (ريحانة), (Freytag).
22° *Bekayriyeh* (بكيرية).
23° *Ṣamġah* (صمغة) (3), (Freytag).
24° *Bellah* (بلة) (4).
25° *Ḥablah* (حبلة).
26° *Qirrṣa'anneh* (قرصعنة) (5), (Freytag).

(1) Il ne nous a pas été permis de les identifier sur place faute de temps. Lorsque le nom se trouve dans Freytag et dans Hafner nous l'indiquons. La correspondance des noms relevés chez les Fuqarâ avec des noms connus de par ailleurs est une garantie pour les noms nouveaux.
(2) Plante petite et verte.
(3) Gomme.
(4) Fruit du ṭaleḥ.
(5) Plante épineuse.

CHAPITRE III

VIE RELIGIEUSE

§ 1. Religion et superstition (1)

L'idée d'Allah est profondément gravée dans l'esprit des Fuqarâ; elle les domine et enveloppe en quelque sorte tous leurs actes. C'est du moins l'impression qu'on éprouve de prime abord en les entendant prononcer constamment ce nom auguste. Non seulement un long entretien ne peut se poursuivre parmi eux sans la mention d'Allah mais les plus courtes conversations, voire même les phrases banales qu'on a l'habitude d'échanger à tout propos, sont accompagnées de ce mot : *wallah*, par Allah. La formule : *bismi 'llah ar-raḥmân war-raḥîm*, « au nom d'Allah très miséricordieux », est fréquemment employée, principalement au commencement d'une action : en se levant, au moment du coucher, en se mettant en route, en revêtant un habit neuf, en recevant un hôte. Jamais un arabe n'étendra la main vers un plat pour prendre son repas, sans avoir prononcé la formule habituelle : « Pourquoi répètes-tu toujours cette parole, disons-nous à Qofṭân ». — « Celui qui la prononce, répondit le bédouin, mange en compagnie d'Allah; si non, il a Iblîs pour commensal ». Souvent, du reste, cette formule est dite en vertu d'une simple habitude, sans attention.

Nous avons posé diverses interrogations aux arabes sur la nature d'Allah. « Nous ne savons ni comment il est, ni où il demeure (2), ont-

(1) Nous groupons dans un même paragraphe les renseignements que nous avons recueillis sur la religion et la superstition qui, en fait, se confondent souvent chez les Arabes.

(2) Un faqîr croit qu'il réside entre le ciel et la terre et que là il s'applique spécialement à exercer la justice.

ils répondu. Est-il en haut? Est-il en bas? A-t-il une apparence quelconque? Nous l'ignorons, mais nous l'invoquons en lui disant : ya rabbinâ, ô notre Seigneur. »

S'ils s'adressent à lui, c'est qu'ils sont persuadés de son intervention puissante sur les choses de ce monde. Les forces naturelles n'agissent que par son ordre ; la pluie tombe et apporte la fertilité par la volonté d'Allah ; la sécheresse dévaste les pâturages par l'ordre d'Allah ; la jument et la chamelle sont fécondes par l'ordre d'Allah, et l'épouse donne un fils à son mari quand Allah l'ordonne (1). Cette action d'Allah s'exercerait d'une façon directe, puisque dans la pensée des Fuqarâ, elle atteint immédiatement l'effet produit. Et comme preuve de cette assertion, on nous cite le dire des nomades : Si quelqu'un frappe son ennemi d'un coup mortel, la mort ne s'en suivra pas, si Allah n'agit directement; la balle meurtrière qui traverse le cœur n'enlève pas la vie, si Allah lui-même ne la retire. Et cette conception de la causalité immédiate d'Allah est appliquée avec rigueur aux événements de ce monde, aux actes quotidiens de la vie. Du reste cette idée ne les contrarie pas beaucoup dans l'exercice ordinaire de leur activité. Elle paraît même contribuer à favoriser leur insouciance, bien étonnante parfois. Avant de partir pour Teima, nous avions averti nos guides de se pourvoir d'eau, pour la route, dans leurs propres *qirbeh*. Plusieurs n'en firent rien se contentant de dire : « *yufriğ Allah*, Allah y pourvoira ». Et lorsque le soir du troisième jour, l'eau manqua à toute la caravane, en se couchant sur le sable, après avoir marché toute la journée sous un soleil ardent, ils répétaient la première parole : « Allah y pourvoira », et ils s'endormirent. Le lendemain, ils marchèrent jusqu'à midi sans trouver une goutte d'eau ; ils ne se plaignirent pas; Allah le voulait ainsi.

Si un faqîr tombe au pouvoir d'un *ġazu*, il sera dépouillé de tout ce qu'il a sur lui : Allah l'ordonne. Les pillards emportent les dépouilles en bénissant Allah qui leur a procuré un gain, et le pauvre bédouin retournera tout nu à son campement où il attendra patiemment qu'Allah lui permette de se dédommager, en dévalisant un arabe voisin. Il saisira avidement cette occasion et enlèvera à l'étranger son chameau et son vêtement en prononçant la formule : « *al-ḥamdu lillah*, louange à Allah. »

(1) C'est Allah qui commande la razzia; c'est lui qui permet à la femme de tromper son mari. Qofṭan reconnaît cependant que dans la fornication une part de l'action mauvaise est due à Iblîs. D'autre part, il appelle *magḍûb* (مغضوب) ou frappé de la colère d'Allah, celui qui ne prie pas, qui ne jeûne pas, qui opprime les autres, qui commet de mauvaises actions.

« Les Fuqarâ n'aiment pas Allah », disons-nous aux bédouins qui nous entourent. L'un d'eux se récrie : « Comment n'aimerions-nous pas Allah! C'est lui qui nous donne la vie, c'est lui qui nous nourrit ». Les assistants écoutent cette protestation et y donnent leur assentiment. « En réalité, ajoute une voix, nous craignons Allah ». Et les Fuqarâ se glorifient d'avoir ce sentiment, car, à leurs yeux, le nomade qui ne craint pas Dieu ressemble à un « *kâfir* », à un renégat.

Lorsque à la porte de Teima les soldats d'Eben Rašîd voulaient nous empêcher d'entrer, Moḥammed el-ʿabîd leur cria de sa voix irritée : « Vous ne craignez donc pas Allah! vous refusez l'hospitalité à des étrangers ! » Et notre hôte, le cheikh ʿAly Rummân nous dit cette parole, en nous priant de nous retirer : « Mes ennemis ne craignent pas Allah ». On l'avait menacé de lui couper la tête, s'il ne nous renvoyait pas.

Ce sentiment de crainte est intimement lié à la persuasion qu'Allah châtie les mécréants. Un fait qui se passait pendant notre présence à Médâin-Ṣaleḥ fut expliqué dans ce sens. Plusieurs bédouins avaient dévalisé des maçons européens qui travaillaient à la construction d'une gare dans l'ouâdy el-Ḥašîš. Après ce bel exploit, les pillards avaient regagné leurs montagnes et aucune puissance ne s'était souciée de les inquiéter; leur méfait resterait donc impuni. « Mais Allah veillait », nous dit un arabe; il les poussa à attaquer un nouveau chantier d'européens. Ils tuèrent un ouvrier, mais leur chef de bande eut la cuisse fracassée par une balle; il tomba sur le sable. Ses compagnons essayèrent de l'emporter, mais craignant d'être pris par leurs ennemis, ils l'abandonnèrent. Le lendemain, un surveillant de la voie ferrée, en suivant les traces du sang sur le sable, retrouva le blessé au fond d'un fossé. On le transporta au Qalaʿah de Medâin-Ṣâleh. En apprenant cette nouvelle, les Arabes s'écrièrent : « Allah l'a châtié ! »

Est-ce l'amour ou la crainte qu'il faut placer à la base des pratiques religieuses des Fuqarâ ? On sera peut-être dans le vrai en reconnaissant l'influence de ces deux sentiments dans l'accomplissement de leurs obligations religieuses. Ces obligations ne sont autres que les cinq principes fondamentaux de l'Islamisme : la foi en Allah, la prière, le jeûne, l'aumône et le pèlerinage.

La foi est plus forte chez les Fuqarâ que chez les nomades du Nord; elle se ressent de la proximité des deux foyers religieux de l'Islam, Médine et La Mecque. Aussi nos Arabes répètent-ils plus souvent la profession de foi : « *lâ ilâh ill'Allah* », sans ajouter toujours le complément : « *Moḥammed rasoul Allah.* »

La prière semble en honneur, du moins si nous en jugeons par la fidélité de notre guide Moḥammed à remplir ce devoir religieux. Chaque matin, au lever du soleil, il faisait ses prostrations, et le soir, quand bien même la caravane continuât sa marche, il s'arrêtait au moment où le soleil se couchait pour réciter sa prière. Deux ou trois fois, nous avons vu nos autres bédouins s'adjoindre à lui. Les Fuqarâ prient en commun en certaines circonstances solennelles ; par exemple, à l'ensevelissement d'un mort, à la fête du Ḍaḥiyeh. Quatre *ruka'ât* ou prostrations sont requises pour la prière ; les autres sont surérogatoires (1). D'après leur croyance, si on ne prie pas maintenant, il faudra satisfaire à cette obligation dans la vie future et alors, on sera contraint de se livrer à ces prostrations sur une dalle rougie au feu.

Cependant, il ne manque pas d'historiettes qui ont cours dans la tribu et qui dénotent une critique assez acerbe de cette pratique. « Les Fuqarâ étant partis pour une razzia lointaine, campèrent un jour dans une vallée solitaire : le lendemain, ils devaient engager la lutte décisive. De bon matin, ils se levèrent ; les uns se préparèrent tout de suite au combat, tandis que les autres crurent bon d'accomplir leurs prostrations rituelles. Pendant qu'ils s'adonnaient à cet exercice, il furent surpris par leurs adversaires prévenus de leur présence et furent tous constitués prisonniers. Les autres qui étaient sur leurs gardes, réussirent à s'échapper. En prenant la fuite, ils dirent à leurs infortunés compagnons : « Voilà, pour nous et pour vous, le résultat de votre prière. »

Le jeûne de Ramaḍân est observé par un grand nombre de Fuqarâ ; et cette pratique a une tendance à s'étendre depuis la construction de la voie ferrée ; car quelques 'ulémas ont fait leur apparition dans le pays et ont prêché aux Arabes l'observance rigoureuse des lois de l'Islam (2).

Le pèlerinage aux deux villes saintes a le désavantage de coûter cher ; il sourit très peu aux nomades. Lorsqu'un faqîr se décide à l'entreprendre, il fait dresser un drapeau blanc devant la porte de sa tente, pendant tout le temps de son absence. A son retour, il brise lui-même la hampe du drapeau avant de pénétrer dans sa demeure. S'il meurt pendant son pèlerinage,

(1) A notre demande s'ils adressent une prière à la lune et au soleil, les Fuqarâ ont répondu : « Lorsque ces deux astres se lèvent nous disons : « la ilâh ill'Allah », pour attester l'unité d'Allah. Mais quand la nouvelle lune apparaît, nous avons l'habitude de répéter : « O pleine lune, ô heureuse ! tu nous a sauvés du mal qui est passé, délivre nous de celui qui est présent. »

(2) A Tebouk, nous avons rencontré un de ces prédicants. Entre deux sermons à la mosquée, il a eu tout le loisir de nouer des intrigues contre nous pour entraver notre exploration du Ḥarrah.

c'est sa famille qui se charge de faire disparaître ce drapeau. Le titre de haǧǧy, pèlerin, reste toujours un honneur pour celui qui le porte.

Pour les nomades, l'aumône consiste surtout dans la pratique de l'hospitalité. L'occasion se présente souvent au désert de recevoir un membre de la tribu ou un étranger, et la tente doit toujours être ouverte à celui qui vient de la part d'Allah. Chez les Fuqarâ, nous affirme-t-on, l'hospitalité est toujours généreuse, et jamais, de mémoire d'homme, elle n'a été violée : « car c'est pour Dieu qu'on reçoit un hôte ». L'exercer est un devoir sacré, et en s'y soumettant, on croit accomplir une sorte de rite, en l'honneur de la divinité.

Les Fuqarâ ont plusieurs fêtes religieuses qu'ils n'omettent jamais de célébrer : la fête du Ḍaḥiyeh est la principale.

Au lever du soleil, le cheikh, revêtu de ses plus beaux habits, sort de sa tente et s'avance lentement en avant du campement sur un terrain bien uni ; tous les hommes du douâr se joignent à lui et se rangent à droite et à gauche, sur une longue file. A un signal donné, la prière commence : tous ces habitants du désert inclinent à la fois, dans la direction de La Mecque, leurs fronts dans la poussière : « *Allah akbar* », disent-ils. Et dans un ensemble qui ne manque pas d'harmonie ils se relèvent pour se prosterner de nouveau. Pendant ce temps, un cavalier défile lentement devant cette troupe en prière : à la main gauche, il tient une enseigne couronnée par un trident orné de plumes d'autruche ; de la main droite, il jette un petit pain rond devant chaque homme prosterné ; en arrière les femmes, debout, massées en groupes mouvants, poussent des cris de joie. Le cavalier se dirige ensuite vers sa tente et dresse le drapeau devant la porte. « Pourquoi cette cérémonie », demandons-nous. « Nous ne savons pas, nous répond-on ; c'est en souvenir du ḥaǧǧ ».

Le fait capital du Ḍaḥiyeh, c'est l'immolation de la victime. Chez les Fuqarâ, nous n'avons rien noté de spécial qui ne soit pratiqué chez les arabes de Moab. On sait comment chaque famille aisée, qui a perdu un de ses membres pendant l'année, se dispose à sacrifier une chamelle ; l'animal est paré « comme une fiancée pour le mariage » ; il porte une sacoche bien garnie de provisions, un qirbeh plein d'eau, une bonne selle ; on le laisse aller en liberté devant la tente : tout ce qu'il porte est abandonné aux pauvres ; il est ensuite immolé pour le défunt (1).

Mais un nomade est libre de sacrifier une victime pour lui-même, pour

(1) Cf. *Coutumes...*, p. 371, ss.

sa santé; en ce cas il exprime hautement son intention : « Le Ḍaḥiyeh, c'est ma fête : c'est pour moi que j'immole. »

La fin du Ramaḍân est célébrée par la fête du déjeûner, « *Ayd el-Fuṭur* », la fête qui rompt, et termine le jeûne. Le matin, les Arabes se réunissent à côté du campement pour la prière en commun. Après avoir accompli leurs inclinations rituelles, ils se tendent la main droite et s'embrassent en disant : « *'Ayd mubârak*, bonne fête ». Ils se dirigent ensuite vers la maison du cheikh pour prendre une tasse de café ensemble. Après cela, chacun gagne sa tente où il se dispose à immoler un chevreau ou un agneau.

Les Fuqarâ célèbrent une troisième fête appelée « *'Ayd al-Ġarrah* ». Ils immolent une victime devant leurs tentes : c'est une sorte de *fedû* pour les vivants.

Toutes ces pratiques s'adressent directement à Allah. Nous n'avons pas trouvé chez les Fuqarâ le culte des *wély* si développé parmi les arabes de Moab. D'après leurs déclarations formelles ils ne vénèrent aucun *wély*, aucun *mazâr*, aucun saint personnage (1). Ils ne connaissent même pas al-Ḫaḍer qui joue un rôle si important dans la religion des demi-nomades du Balqâ et des fellahs de Palestine ; ils ne s'adressent qu'à Allah. On le constatera aisément, ils ont une autre conception des rapports de l'homme avec le monde surnaturel ; ils ont gardé plus intacte et plus pure la foi première de l'Islam. A deux jours à l'est de Médâin-Ṣâleḥ, ils savent le « *mandḫ ḏeloul en-Néby* », l'endroit où le chameau du Prophète s'accroupit pendant que l'envoyé de Dieu faisait sa prière. Lorsqu'ils passent tout auprès de ce lieu, ils s'arrêtent et exécutent quelques *ruka'ât*, prostrations. Ce serait le seul endroit, dans tout leur territoire, pour lequel ils auraient quelque vénération (2). Ils ne connaissent ni arbres sacrés (3),

(1) Le Qoran II, 258 dit... : الله ولى الذين امنوا Allah est le *wély* = protecteur de ceux qui croient ; il les fera sortir des ténèbres vers la lumière ; quant aux infidèles, leurs *wély*, ce sont les démons qui les conduiront de la lumière aux ténèbres.

(2) Chez la tribu voisine des Bély, on nous mentionne un *mazâr* appelé « *Maḥfas al-bene*[t] *w'al walad* ; il doit son origine au fait suivant. Un jeune homme et une jeune fille étaient ensemble dans un endroit retiré du Ḥarrah, à l'ouest de Médâin-Ṣâleḥ. Les deux amis aperçurent soudain des Arabes qui les regardaient ; ils s'écrièrent : « Que la terre nous ensevelisse ou qu'elle engloutisse les gens qui nous voient. » A l'instant, la terre s'entr'ouvrit sous leurs pieds et les absorba dans son sein. L'endroit de leur disparition fut marqué par une enceinte de pierres : ce fut un *mazâr*. Dans la même tribu, on nous mentionne encore deux autres sanctuaires : *Ḥedira* et *Seleǐ' el-Ǧa'aleh*.

(3) Dans la même tribu des Bély, on vénère un arbre connu sous le nom de *Salḥah*. Les arabes le visitent souvent pour obtenir la guérison d'une maladie ou accomplir un vœu. A ses branches touffues, ils attachent des morceaux d'étoffe ou des perles. Les femmes y suspendent

ni pierres levées (1). En fait dans nos voyages à travers leur pays, nous n'avons rencontré aucun lieu de culte. Lorsque les Fuqarâ viennent à Kérak, ils ne visitent pas les sanctuaires si célèbres de cette ville ni celui de Ǧa'far à Môtch. « Nous ne les connaissons pas, disent-ils; ils appartiennent aux arabes du Nord. » Ils ne possèdent pas non plus de lieux d'asile (2).

S'ils ne recourent pas aux wély comme les autres arabes, ils ne sont cependant pas indemnes de toute pratique superstitieuse.

Quand un faqîr tombe malade, il se hâte de se procurer un *ḥiǧâb*, talisman, qui le délivrera de son mal. Il l'applique sur la partie du corps qui est en souffrance : sur la tête, le dos, la poitrine (3). C'est un petit-fils du cheikh qui écrit ces talismans, Met'ab eben Ṣâleḥ eben Muṭlaq. Dans une razzia contre les Arabes de l'est, ce bédouin fut blessé à la jambe ; il se fit transporter à Teima pour soigner sa blessure. Pendant sa convalescence, il entra en rapport avec un fellah de cette localité qui lui apprit l'art mystérieux d'écrire des *ḥiǧâb*. Il est fier maintenant de posséder cette science dont il use fréquemment. « Car nous avons presque tous des talismans » nous dit Qofṭan, et pour nous le prouver, il tira le sien de la petite bourse de cuir que chaque bédouin porte à son côté. Il n'en connaît pas la valeur, il ne sait pas le lire, mais il le porte avec respect : « Cela est bon » dit-il. Les gens d'el-'Ela en écrivent beaucoup qu'ils distribuent aux hommes et aux femmes pour entretenir entre eux la sympathie et l'amour, pour les préserver d'un malheur et surtout du mauvais œil. Quand les nomades vont à la guerre ou à la razzia, ils ont l'habitude de se procurer des talismans contre les balles : « Mais nos Arabes, nous dit Qofṭan, ne prennent pas de « *haykal* », c'est le nom spécifique de ce talisman », car ils savent qu'à la bataille c'est le plus fort qui l'emporte. »

Cependant, en partant pour une razzia, ils sont toujours fort préoccupés

leurs bracelets. On immole des victimes auprès du tronc. Les nomades aiment surtout à goûter la douceur du sommeil sous son ombre, car pendant ce repos, ils voient les habitants de cet arbre et surtout ils entendent leurs chants. Ils s'abstiennent avec soin de porter la main sur une branche ou d'en détacher un rameau; un pareil acte serait une faute et serait immédiatement châtié.

(1) Au sommet du Ǧebel 'Ueireḍ, à l'ouest de Moaẓẓam, se trouve un quartier de roche visité par les Bély. Ces nomades aiment à porter auprès de cette pierre leurs malades. Le contact avec la roche doit donner la force à l'infirme qui fait immoler une victime sur les lieux.

(2) « Notre protection, ce sont nos parents et nos armes », nous disait un faqir. A el-'Ela, se trouverait, d'après un Arabe, les deux wély *Qâḍy et Refa'y*, qui jouiraient d'un certain droit d'asile.

(3) Lorsque la maladie est très grave, on n'a plus recours au ḥigâb, car à ce moment, *Izrâ'il*, qu'aucun talisman ne saurait écarter, vient chercher l'âme du patient.

du succès de l'entreprise. Pour connaître cet avenir incertain, ils tracent sur le sable une raie de 50 à 60 centimètres de long, puis un homme applique ses deux doigts sur la raie, en commençant au milieu et en allant vers la droite, et il recommence ensuite la même opération du côté gauche. Si en arrivant à l'extrémité de la raie, les deux doigts unis ensemble concordent avec sa longueur, du côté droit, et ne concordent pas du côté gauche, la razzia sera couronnée de succès; si non, elle ne procurera aucun gain ou même elle sera néfaste.

§ 2. Le mauvais œil.

Le mauvais œil, le « coup de l'œil » *ḍarb el-ʿayn*, comme disent les nomades, est très redouté au désert. Il porte le ravage à travers tout ce qui est au service du bédouin, sans l'épargner lui-même. Heureusement que tous les membres de la tribu ne possèdent pas ce pouvoir redoutable; il est propre à certains hommes, d'un caractère énergique et volontaire, qui le mettent au service de leur ambition ou de leur rancune. Le cheikh actuel de la tribu, Muṭlaq el-Faqîr, jouit, paraît-il, de cette faculté de frapper de l'œil. Lorsqu'il est irrité, il relève sur son front son *kefiyeh* et son *mérir*, fronce les sourcils comme un Jupiter en colère et regarde fixement : « alors son œil frappe », nous dit-on.

Son père Ḥemeidy « frappait aussi de l'œil ». On rapporte qu'un jour il regarda fixement le chameau d'un de ses ennemis : aussitôt l'animal tomba et se cassa les pattes.

On nous rapporte également comment un certain Ḫalaf, simple bédouin, se vengea d'un manque de respect envers sa personne. Il s'arrêta un soir, auprès de la tente d'un berger, au moment où celui-ci ramenait son troupeau du pâturage. Il comptait bien déguster le mouton, ce jour là; l'occasion lui semblait propice mais il dut se contenter d'un plat de riz. La colère l'envahit : « Pourquoi mon hôte ne m'a-t-il pas préparé une ḏabiyah » dit-il en regardant les agneaux couchés auprès de la tente? « Puisse le loup venir cette nuit enlever la ḏabiyah qui aurait dû m'être immolée ». Le lendemain en se levant, le berger constata la disparition de trois brebis.

Tous les Arabes connaissent l'histoire d'Eben Rummân à Teima. Les chameaux de ce cheikh tiraient de l'eau au puits du village. Survint un certain Murʿy qui se mit à regarder ces animaux d'un regard méchant. Quelques instants après une chamelle s'abattit et creva aussitôt. Informé de cet accident, Eben Rummân accourt interroger le surveillant des travaux. Ce dernier ne sait comment expliquer cet accident mais il déclare avoir aperçu Mur'y s'arrêter pour inspecter les chameaux. Eben Rummân comprit aussitôt la cause du malheur qui le frappait. En toute hâte, il se dirigea vers la maison de Mur'y et l'appela par son nom. Il vit bientôt son ennemi sortir de sa demeure. Alors il fixa sur lui un œil irrité en même temps qu'il dirigeait contre son visage un bâton pointu. Mur'y poussa un cri aigu en portant la main à son œil droit qui venait d'être frappé. Eben Rummân satisfait de sa vengeance, retourna chez lui.

On comprendra sans peine combien est redouté au désert tout homme qui jouit de la réputation de « frapper de l'œil ». Il inspire la terreur autour de lui. Aussi les Arabes cherchent-ils à se mettre à l'abri de son redoutable pouvoir. Un des moyens employés nous est expliqué de la façon suivante. On observe sur le sable la trace de ses pas et on ramasse la poussière qui porte cette empreinte, en commençant par l'extrémité des doigts de pied. Cette poussière est ensuite déposée dans un trou et l'Arabe l'imbibe d'urine ; c'est, paraît-il le meilleur moyen de prévenir les coups du mauvais œil.

On fait aussi usage du talisman. On réunit dans un petit sachet, un peu d'alun, quelques cheveux de l'homme qui a la réputation de frapper de l'œil, l'extrémité de sept ongles de doigts et quelques grains de *naqed*. Le sachet est suspendu au cou de l'enfant, du chameau ou de la jument : « car tout ce qui est joli au désert excite la jalousie et doit être protégé contre le mauvais œil. »

* * *

Le récit suivant dû au bédouin Qofṭan, est un écho des croyances populaires et à ce titre, il a ici sa place.

Dans les temps anciens, un arabe chassait aux environs de Médâin-Ṣâleḥ. Sur le sommet d'un rocher, il aperçoit un béden. Il tire sur l'animal et le tue. Mais en regardant le béden rouler en bas du rocher il entend une voix qui disait : « O Père ! on a tué le chameau de ma mère ! ». « Qu'il soit maudit celui qui l'a tué ! répond une autre voix. Si c'est un homme, qu'il soit changé en femme et si c'est une femme, qu'elle soit changée en homme ». A peine a-t-il entendu ces étranges paroles, qu'il constate un changement complet en sa personne. Il n'est plus homme, il est transformé en femme. Couvert de honte, il cache son arme sous une roche, revêt des habits de femme et s'enfuit dans une tribu étrangère. Femme, elle se marie, devient l'épouse d'un bédouin et se voit bientôt l'heureuse mère de plusieurs enfants. En cet état, elle se met à réfléchir : « Je n'étais pas comme cela quand j'étais jeune : Oh ! si je pouvais retrouver ma première condition ». Poussée par ce désir, cette femme reprend le chemin de Médâin-Ṣâleḥ et se rend auprès de la roche sur laquelle avait été tué le béden. Or, voici qu'à ses yeux, au sommet du rocher apparaît un autre béden. La femme saisit son arme, tire et abat l'animal. Au même instant, la même voix se fait entendre, elle disait : « O Père ! on a tué le chameau de ma mère ! ». — Que le coupable soit maudit, répondit une autre voix. Si c'est un homme, qu'il soit changé en femme, et si c'est une femme, qu'elle soit changée en homme ». Ces paroles sont-elles à peine prononcées, que le chasseur retrouve sa nature d'homme : il est redevenu ce qu'il était auparavant. Il retourna à sa tente et raconta lui-même l'aventure qui lui était arrivée.

§ 3. — Iblis.

Iblis, le diable, ou *šiṭân* l'adversaire est regardé par les Fuqarâ comme un ennemi toujours prêt à leur faire du mal, à leur créer des ennuis, à leur occasionner des maladies, à mettre la discorde parmi les chefs, à troubler les familles, à inspirer la révolte des enfants contre les parents. Aussi ne se gênent-ils guère pour le maudire : « *la 'anat Allah 'alayhi*, que la malédiction d'Allah soit sur lui ». Ils racontent comment dans leur pèlerinage en passant à Mina, ils jettent quatorze petites pierres contre Iblis et quatorze contre son fils, et les menacent tous les deux de la colère d'Allah.

Les gens de Teima sont loin d'avoir de pareils sentiments envers Iblis. Lorsque nous nous sommes présentés à la porte de cette ville soigneusement fermée contre nous, nous avons vu se réunir les hommes et les enfants qui en s'approchant poussaient l'exclamation : « *ya Iblis* », comme ailleurs on dit : « *ya Allah* », pour exprimer l'admiration et appeler une puissance supérieure à son secours. Le culte des habitants de Teima pour Iblis est entourée de mystères. Retenus par l'appréhension de dévoiler un secret ou bien simplement empêchés par le sentiment indécis d'une impression religieuse mal définie, les Teimanites ont toujours répondu d'une façon évasive à toutes les questions ou se sont renfermés dans un silence obstiné. Ils ont rapporté cependant comment dans un réduit du mur de l'ancienne Teima Iblis a fixé sa demeure. C'est là spécialement qu'il reçoit les hommages de ses fidèles et prête une oreille attentive à leurs supplications. D'après un dire, il se montrerait même à ses adorateurs et exigerait des sacrifices d'agneaux et de chevreaux. Toutes ces pratiques paraissent futiles et même sacrilèges aux Fuqarâ qui ne se font pas faute de maudire Iblis tout en redoutant sa méchanceté.

Presque aussi redoutable est l'action néfaste de la « *ġôlah*, la fée ». Cet être étrange qui habite le désert apparaît et se rend invisible à volonté. Chaque fois qu'il veut nuire, il prend une forme sensible. Ordinairement, il revêt les apparences d'une femme aux proportions démesurées, qui, au milieu du désert, appelle les arabes pour les égarer ou les dévorer. On nous cite le fait suivant.

ʿAwdeh eben Rûeiḥel était allé à la chasse à la gazelle dans l'ouâdy al-Ğesaʿ. En poursuivant le gibier, il se trouva tout à coup en présence d'une ġôlah qui ouvrit une gueule énorme et se précipita sur lui pour le dévorer. Par un mouvement rapide, le chasseur évita cette attaque en se mettant à l'abri derrière un arbre. Mais le monstre revint à la charge, saisit l'arbre entre ses dents et le broya comme une paille. Une deuxième, puis une troisième fois, la même agression se répéta. Alors le bédouin se voyant sur le point de périr, saisit violemment son sabre et frappa la ġôlah au cou. Le monstre chancela et puis tomba ; un second coup de sabre lui trancha le col. Le chasseur ʿAwdeh examina de près cette terrible ġôlah : elle avait un corps de femme ; sa tête était difforme et présentait quelque ressemblance avec celle d'un vautour; la gueule, lorsqu'elle était ouverte, mesurait un mètre de large et laissait voir des dents longues de quinze centimètres ; ses yeux étaient comme des fenêtres ; ses mains n'avaient pas de doigts et ses pieds avaient la forme de pieds d'âne. Fier de sa victoire, le chasseur gagna en toute hâte son campement pour inviter les arabes à venir contempler le cadavre du monstre. Mais le lendemain matin les Bédouins, en arrivant sur les lieux, ne trouvèrent plus rien : la famille de la ġôlah avait enlevé ses restes pendant la nuit : « Je n'ai pas vu de mes yeux cette ġôlah », ajouta le narrateur en terminant, mais tous les arabes connaissent cette histoire.

De pareils récits n'offusquent pas la crédulité bédouine si fort enclinée au préternaturel. La croyance des Fuqarâ envers les « *ğinn* » en est une nouvelle preuve.

Ces ğinn (1) sont appelés « *ahel al-arḍ* » les habitants de la terre. Ils sont très nombreux et peuvent se multiplier chaque jour ; car il existe des

(1) D'après une tradition arabe Iblis serait le père des *ğinn*, apud L. Marraccio, *Refutatio Alcorani*, page 22, XXXIV.

ğinn mâles et des ğinn femelles; ils se marient entre eux et procréent des enfants dans la terre ; on ne sait pas comment ils vivent, mais Allah les nourrit.

Les ğinn sans être des ennemis acharnés de l'homme lui nuisent plus qu'ils ne lui font du bien. Ils frappent impitoyablement le nomade qui les trouble dans leur repos. Ils sont les maîtres de certains territoires qu'ils ne faut pas violer. Par exemple, ils habitent dans les tombes de Médâin-Ṣâleḥ et ils maltraiteraient fort quiconque aurait l'imprudence de se hasarder vers ces parages pendant la nuit.

Souvent, ils tentent l'homme, nous dit-on, et on nous cite le fait que voici :

Zayd eben Ğebal dormait une nuit sous sa tente. Réveillé en sursaut, il vit auprès de lui une femme assise qui lui dit : « Je veux me marier avec toi ». « Qui es-tu ? » fit Zayd. Et en la regardant, il aperçut un visage noir sur lequel brillaient deux yeux démesurément ouverts. Il comprit que son interlocutrice appartenait à la *ahel al-arḍ*; il lui dit : « Tu veux te marier avec moi ; mais moi je demande à Allah de me délivrer de ta présence ». Aussitôt la femme disparut.

Mais l'action principale du ğinn consiste à s'emparer de l'homme : « Il entre dans son corps et lui vole son esprit » disent les Arabes. Nombreux seraient au désert les cas de possession : on nous cite plusieurs exemples.

L'année dernière, No'amah, la fille du cheikh Muṭlaq, fut saisie par un ğinn qui la tourmentait sans cesse et la portait à des actions excentriques. Pour l'empêcher de se faire du mal, on lui attacha fortement ensemble les deux pouces et les deux gros orteils. On fit ensuite aspirer à la patiente de la fumée de soufre et de poudre pour chasser le ğinn, mais le remède fut inefficace. On appela alors un vrai *faqîr* (1) qui déploya toutes les ressources de son art; récita des formules magiques, exécuta ses danses habituelles, frappa la patiente à coups de bâton et lui souffla fortement dans les narines en adjurant le ğinn de sortir. Mais celui-ci refusa de

(1) Ces *faqirs* sont des hommes revêtus d'une force merveilleuse donnée, dit-on, par un ange qui habite en eux. Cet ange a le pouvoir de commander aux ğinn. Le jour même où nous prenions ces notes à Médâin-Ṣâleḥ, une *faqireh*, nommée Ğalwa, essaya de guérir 'Aly Ḫurfân, un des gendarmes qui occupent le Qala'ah. Le malade était étendu sur son grabat. Pour mettre un terme à ses souffrances ou tout au moins pour en adoucir l'acuité, il demanda la visite de Ğalwa. Celle-ci a la réputation d'avoir en elle un ange, *malak*. Il est vrai que cet ange la quitte parfois, mais elle connaît le moyen de le rappeler : il lui suffit de recevoir un meğidy de la part de celui qui implore ses services : le soir, elle place la pièce d'argent sous sa tête, et en se réveillant, le matin, elle sent en elle la présence de l'ange : elle peut procéder à l'application de sa vertu merveilleuse pour la cure des malades.

quitter la place. Alors on s'adressa à une faqîreh célèbre qui recommença les mêmes exorcismes. La malade éprouva une amélioration sensible et on profita de ce mieux pour la conduire au village d'el-'Ela où un charlatan habile confectionne des talismans infaillibles. Grâce à l'imposition d'un ḥiǧâb rédigé en bonne forme, No'amah fut complètement délivrée de l'esprit mauvais. L'année suivante, elle donna un fils à son mari. Mais, peu de temps après sa maternité, elle redevint la proie du ǧinn qui la tourmenta violemment et finit par la tuer.

A ce récit notre interlocuteur en ajouta un autre que nous reproduisons dans sa simplicité objective; le fait s'est passé il y a cinq ans.

Maḥas eben Ǧebal était sous sa tente lorsqu'il fut saisi par le ǧinn. Il se livra aussitôt à des contorsions insolites et à des actions extravagantes. Il aimait par dessus tout à creuser un trou dans le sable et à s'y tenir blotti. Comme il l'a raconté lui-même après sa guérison, il n'éprouvait un peu de repos que dans cette cachette loin de tout regard humain, à l'abri de toute lumière ; il craignait que les oiseaux du ciel ne vinssent lui crever les yeux et lui ronger la bouche et le nez. Sa parenté se saisit de sa personne et après avoir employé en vain les remèdes ordinaires, se décida à le conduire à el-'Ela, auprès du célèbre eben Sûeiry, *dompteur des esprits*, *ḥaššâr al-ǧinn*. Le cortège, en arrivant à Médâin-Ṣâleḥ s'arrêta auprès d'un puits. Survint un maugrebin qui fut touché de pitié à la vue de Maḥas se roulant dans le sable avec ses chaînes. « Allumez un feu », dit-il à ceux qui gardaient cet infortuné. Lorsque les branches consumées n'eurent plus laissé qu'un brasier ardent, il déposa sur ce foyer deux vieilles sandales et les fit rôtir. Ensuite, il les pila, les réduisit en poudre et mélangea ce résidu avec un peu de sel et un peu de farine. Le tout fut pétri dans l'eau et donna une pâte brune avec laquelle on boucha le nez et les oreilles du patient, et on lui enduisit toute la tête. Le malade fut couché sur le sable. Toute la nuit, il sentit des douleurs très vives ; il lui semblait que des épines lui sortaient du front et des tempes : le lendemain matin il se trouva guéri.

Les ǧinn se trouvent partout au désert : ils sont une sorte de cauchemar pour l'esprit des Fuqarâ.

§ 4. Division du temps.

Les Fuqarâ n'ont aucune dénomination particulière pour désigner l'année. Ils s'écartent des Arabes de Syrie — des Arabes du nord, suivant leur expression — pour l'appellation des mois et ils diffèrent aussi en partie de la tradition qoranique. Voici la liste des noms de mois usités parmi eux.

1° *Al-'Ašûr*, (العا شور) (العشور).

2° *Aṣ-Ṣufar*, (الصفر).

3°-6° *Arba' at-Tû'âm*, (اربع التوا م).

7° *Al-Ġarrah*, (الغرة).

8° *Al-Quṣayier*, (القصير).

9° *Ar-Ramaḍân*, (الرمضان).

10°-11° *Al-Fuṭrein*, (الفطر ين).

12° *Aḍ-Ḍaḥiyeh*, (الضحية).

Le mot 'Âšûr des Bédouins répond au 'Ašûrâ' (1) de la tradition arabe. 'Âšûrâ' désigne un jour de jeûne facultatif observé par les Musulmans le 10e du mois de Muḥarram. On a comparé le mot 'Âšûrâ' à l'hébreu עשור.

D'après Lev. **16**, 29, le dixième jour (עשור) du septième mois était un jour de pénitence et d'expiation. Mahomet, dans le but de se concilier les Juifs, avait pris au début de sa réforme religieuse plusieurs usages israélites. On croit qu'il se conforma au jeûne de 'Âšûrâ', en arrivant à Médine au moment de l'hégire. Ce serait l'origine de cette pratique musulmane (2). Les Bédouins ont appliqué le nom de 'Âšûr au mois de Muḥarram, au dixième jour duquel tombe ce jeûne. Nous avons constaté le même usage parmi les habitants d'el-'Ela et de Tebouk. Les nomades Ḥaweiṭât connaissent aussi le mois de 'Âšûr. A Teima, on fait en 'Âšûr un repas pour les morts.

Notre interlocuteur ajouta : « Le mois de 'Âšûr pour se constituer prend 10 jours à l'année qui finit et 20 jours à l'année qui commence ». Quelle que soit la portée de cette assertion, retenons que Muḥarram est une appellation *sainte* donnée à un mois qui, dans l'Islam primitif, était nommé Ṣafar el-Awal (3). Il y avait deux mois de Ṣafar.

(1) 'Âšûrâ' n'est autre que 'Âšûr avec la terminaison araméenne. Les nomades prononcent 'Âšûr, ou 'Ašûr avec une voyelle brève à la première syllabe.

(2) Sur 'Âšûrâ' voir *Encyclopédie de l'Islam*, 8e livraison, p. 493. En plus des explications données, on y trouvera une bibliographie assez complète à laquelle on pourra ajouter, Doutté, *Magie et Religion*, p. 526 ss. Il ne semble pas probable que le nom du mois soit dérivé du mot, عشور, « impôt », mais il serait possible que la tradition de 'âšûr soit passée directement des Juifs chez les Bédouins. Ces derniers étaient au temps de Mahomet, plus ou moins inféodés aux idées juives. On sait qu'il y avait des Juifs nombreux à Teima, à Khaybar, dans l'ouâdy al-Qura, etc.

(3) Cf. Wellhausen, *Reste Arab. Heidentums.*, p. 95 et Doutté, *Magie et Religion*, p. 527 s.

Aṣ-Ṣufar, (الصفر). Les Fuqarâ prononcent Aṣ-Ṣufar au lieur de Aṣ-Ṣafar. Ils ne nous fournissent aucune explication sur ce mois.

Les quatre mois suivants, qui répondent aux deux mois de Rabi' et aux deux mois de Ǧumâda, sont nommés par les Fuqarâ, *Arba' at-Tu'âm* (اربع التوام) « les quatre at-Tû'âm ». Aucun bédouin n'a su présenter un renseignement sur cette appellation. L'arabe التوام signifie « les Gémeaux », comme l'assyrien *tu'âmu* et le syriaque *to'mô*. L'hébreu תואם veut dire « deux jumeaux » (Gen. 25, 24). Il est possible que ce nom de mois dérive du signe du zodiaque. On serait curieux de savoir pourquoi les nomades l'ont donné à quatre de leurs mois : le premier at-Tû'âm ; le second at-Tû'âm, etc. Cette dénomination est usitée à Tebouk, à el-'Ela et chez les Ḥaweiṭât. A Teima, on connaît deux Tû'âm (prononcé Tûeim) et deux Ǧumâda.

Le septième mois est appelé *al-Ġarrah*, (الغرّة). D'après Manna' eben-Rummân, fils du cheikh de Teima, al-Ġarrah désigne le printemps. Parmi plusieurs autres sens, غرة veut dire « nouvelle lune ».

Le huitième mois est appelé *al-quṣayier*, (القصيّر). Ce mot est un diminutif de قصير قصار ou قصور. Voudrait-il signifier « plus petit, plus court »? Ce serait l'explication donnée par nos Arabes qui prétendent qu'il lui manque une nuit. Ce nom de mois est connu et usité à Teima, à el-'Ela et à Tebouk.

Le mois suivant est celui de *Ramaḍân* (الرمضان).

Le dizième et le onzième mois portent nom *al Fuṭrein* (الفطرين). La fête de la rupture du jeûne *'Ayd al-Fiṭr* (1) (عيد الفطر) est bien connue : elle termine le jeûne de Ramaḍân. Les Nomades de la région qui nous occupe, y compris les habitants de Teima et ceux d'el-'Ela, donnent le nom de Fuṭr, « déjeuner » ou « rupture du jeûne » aux deux mois qui suivent Ramaḍân.

Le douzième mois s'appelle eḍ-Ḍaḥiyeh الضحية, « le sacrifice ». C'est ainsi qu'on appelle la victime immolée le 10 du mois de *ḏu'l Hiǧǧeh* ; elle a donné son nom au mois tout entier (2).

Un autre nomade nous avait parlé de la division de l'année en quatre saisons : 1° aš-šitâ', l'hiver ; 2° ar-rabî', le printemps ; 3° al-qayḍ, l'été;

(1) Les Fuqarâ prononcent al-Fuṭr et non al-Fiṭr.

(2) Nous avons demandé à notre interlocuteur quelle était la victime qui était immolée en cette circonstance. Il nous répondit : « La victime peut être un mouton, une chèvre, un chameau : ce que l'arabe trouve sous la main ». Et il ajouta : « Un arabe Sardiyeh immola une fois quatre hommes et une femme ».

4° al-aṣfery, l'automne ; mais cette division est commune à tous les nomades.

Les Fuqarâ' ont commencé à nous mettre au courant de leurs connaissances, assez rudimentaires du reste, sur les étoiles. Nous croyons utile de consigner ici ce résultat comme continuation à une étude signalée dans les *Coutumes* (1).

العقرب, *al-'aqrab*, le Scorpion. Cette constellation est composée de plusieurs étoiles qui sont traversées par la lune et dans lesquelles la lune fait des stations *manâzil* (منازل) (2). Elle entre d'abord dans *aš-Šabûtein* (الشبوتين). L'arabe aš-Šabûat (الشبوة) désigne le dard du Scorpion. Par le duel, aš-Šabutein, les Arabes veulent exprimer ses deux pinces. La lune passe ensuite dans *Fam al-'Aqrab* (فم العقرب) la bouche du Scorpion représentée par deux grandes étoiles juxtaposées entourées de petites étoiles. La cinquième nuit de sa marche la lune entre dans *qalb al-'Aqrab* (قلب العقرب) le cœur du Scorpion. Cette station de la lune n'est pas favorable aux Arabes, car à ce moment ils ne trouvent rien à manger : point de lait dans les campements. Un proverbe dit : « Lorsque al-qalb se lève, l'hiver fait son entrée comme un chien (3) ».

اذا طلع القلب جاء الشتاء كا لكلب

En sortant d'al-qalb, la lune entre dans *al-Faqarât* (الفقرات). L'ancienne tradition arabe reconnaît ces étoiles comme appartenant au Scorpion et formant en quelque sorte son dos.

La septième nuit, la lune est dans la queue *aš-Šûleh* (الشولة). C'est le nom donné aux deux étoiles qui sont à l'extrémité de la queue : elles sont si rapprochées, qu'elles paraissent se toucher. Les Arabes disent : « A l'apparition d'aš-Šûleh, les gémissements sont plus forts sous les tentes ; les Arabes se dispersent ».

En sortant du Scorpion, la lune traverse al-Baldah (البلدة) espace vide fermé par un cercle d'étoiles. A cette époque, les Fuqarâ' n'ont pas de rapport avec leurs femmes ; car, si elles concevaient, elles mettraient au monde des enfants idiots (4).

(1) *Coutumes des Arabes*, p. 323, ss.

(2) Dans sa marche de l'ouest à l'est, la lune rencontre les constellations. Le temps qu'elle met à les traverser s'appelle station, *manzil*, منزل. Ses stations sont au nombre de 28 par mois. Les Fuqarâ' ne nous les nomment pas toutes. Ils nous disent qu'avant d'entrer dans le Scorpion, la lune traverse *at-Torbiy'ah*, التربيعة, quatre étoiles disposées en carré ; après elle pénètre dans un espace vide appelé *ad-dawâ* (الدوا).

(3) Jeu de mots en Arabe.

(4) Les Fuqarâ' connaissent d'autres jours néfastes. Par exemple, le 1er jour du mois on n'entreprend pas une razzia, ni le 11, ni le 16, ni le 21, ni le 26.

Aṯ-Ṯerayiâ, (الثريا) les Pléiades, jouent un rôle important dans le ciel. Elles se composent de cinq grandes étoiles et d'un grand nombre de petites. En hiver, dit notre interlocuteur, lorsque la lune se trouve à côté de Ṯerayiâ, une étoile survient tout à coup du nord et se dirige sur les Pléiades. Si elle les frappe, la pluie sera néfaste et l'année mauvaise : mais si elle manque les Pléiades, l'année sera fertile (1). Cette étoile a nom *Faḥel* (فحل) « étalon ». Cette année la jonction devait se faire la 55e nuit après le lever de Ṯerayia, à l'est. Mais les Fuqarâ' ont négligé d'observer cette lutte ; c'est pourquoi ils ne savent pas si l'année sera prospère ou malheureuse.

Après l'attaque de Faḥel contre Ṯerayiâ, son *naw'* (نوء) (2) dure 20 nuits.

Aṯ-Ṯerayiâ est suivie par une étoile appelée *at Tůeiba'* (التويبع) « la petite suivante ». La التويبع des Fuqarâ' répond à l'étoile *tâbi' al-neǧem* تابع النجم, de la tradition arabe, identifiée avec Aldébaran dans la constellation du Taureau. Les Arabes frissonnent à son apparition : alors les *ġadîrs* (bassins d'eau) se dessèchent, la chaleur devient intolérable ; le vent chaud et empoisonné se met à souffler. L'étoile raqîb d'Aldébaran est al-qalb.

Al-Ǧawzâ, (الجوزا) Orion. Les trois étoiles qui forment la tête portent le nom de Haq'ah (هقعة) : c'est une des stations de la lune. Mais les Fuqarâ' connaissent à peine le naw' de Haq'ah ; ils parlent surtout de celui de al-Ǧawzâ qui dure 20 nuits. Le raqîb de al-Ǧawzâ est aš-Šûleh.

Aš-Ši'ra (الشعرى), Sirius est connu de nos Arabes. Son naw' dure 20 nuits.

As-Samâk (السماك), la Vierge, a un naw' qui peut durer 10 jours ; C'est la première pluie, Un proverbe dit : « Quand vient as-Samâk, disparaît 'akâk (vent brûlant).

As-Suheil (السهيل), Canope, n'est pas inconnue des Fuqarâ'.

Nous avons remarqué en passant que certaines de ces étoiles sont

(1) Chez les Šarârât, l'explication est tout autre : Si l'étoile frappe Ṯerayiâ, l'année sera mauvaise. La jonction de cette étoile avec Ṯerayiâ est regardée comme une sorte de fécondation.

(2) Le terme arabe نوء signifie proprement le coucher d'une étoile à l'occident, tandis que en même temps, une autre étoile, se lève, en face d'elle, à l'orient : cette dernière étoile s'appelle *raqîb* (رقيب). Un proverbe arabe dit : « Le coucher de l'étoile a apporté la pluie » قد صدق النوء. Dans le langage des Fuqarâ' le terme naw' signifie le coucher de l'étoile et la durée de la pluie qu'elle est censée avoir occasionnée.

mises en relation avec la pluie. Les Fuqarâ' ont constaté que la pluie peut tomber sur leur territoire pendant l'espace de six mois. Ils ont des expressions propres pour désigner ces ondées. Une des premières pluies est due à la *conjonction quinzième* (قران خمس عشره). C'est la conjonction de la lune avec aṯ-Ṯerayia. Ce serait l'entrée du *wasem* (وسم) ou pluie de l'hiver.

La treizième conjonction marque la fin de l'hiver.

La onzième est pendant le naw' de al-Ǧawzâ.

La neuvième a lieu pendant le naw' de Šiʿra

La septième amène la pluie de Rabîʿ.

La cinquième occasionne la pluie d'as-Samâk.

Ces expressions sont d'un usage courant. Il suffit d'en prononcer une pour éveiller dans l'esprit du nomade une idée claire. En rappelant le qarân tâsiʿ ou tesâʿwy, notre interlocuteur nous sert aussitôt le dicton populaire.

Fât qerân tesâʿwy
afqed ġanemak, ya Šâwy.
« La neuvième conjonction est passée
compte ton troupeau, ô berger » (1).

La pluie est apportée par le vent, surtout par le vent du sud-ouest, *al-ǧenûb* (الجنوب). Le vent appelé *al-qayleh* (القيلة) est violent ; il est froid en hiver et frais en été.

Le vent d'est, *aš-Šarqiyeh*, est chaud et le vent du nord, *aš-Šemâliyeh* est froid ; mais il est agréable pendant l'été. Les nomades ont réuni dans des espèces de vers, les qualités des vents.

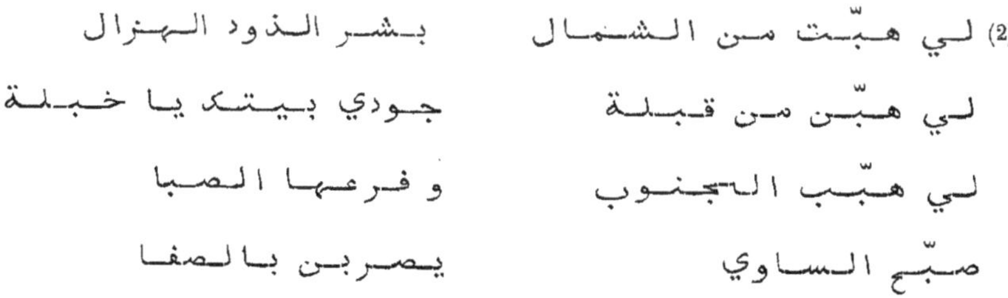

« Quand souffle le vent du nord, préviens les chameaux faibles. Quand

(1) Le sens du dicton est : la pluie est tombée : les pâturages seront gras ; le troupeau prospérera. Au Belqâ, le temps appelé quarantaine de pluie (مربعنية) comprend : 5 jours de aǧrad, 33 jours de kanoun et 5 jours de Šebâṭ.

(2) La particule لي est synonyme de إن si, et de إذا quand, lorsque.

souffle le vent du sud, raffermis ta maison, ô insensé. Quand souffle le vent d'ouest et qu'il est poussé par le vent d'est, les brebis s'abreuvent le matin dans le Ṣafa » (1).

Les renseignements que nous venons de donner seront sans doute complétés un jour par de futurs explorateurs qui disposeront de plus de loisir que ne le comportait notre situation. Tels qu'ils sont, ils prouvent à tout le moins que les nomades jouissent d'une certaine indépendance pour des appellations qui devraient être communes à tous les arabes musulmans. Ils démontrent de plus avec quelle ténacité certaines traditions se maintiennent au désert. Notre interlocuteur ne savait ni lire ni écrire ; mais il avait appris des anciens la science des étoiles. Le désert est conservateur.

§ 5. Sacrifices.

Les Fuqarâ' nous ont paru comprendre le sacrifice, « *aḏ-ḏabiyah* الذبيحة », comme les Arabes de Moab. Une victime, brebis, chèvre ou chameau, doit être immolée selon le rite traditionnel (2) : le cou est ouvert et le sang est répandu à terre. Ordinairement la chair est mangée; cependant les Fuqarâ', en certains cas, regardent cette manducation comme illicite et enterrent la chair de l'animal égorgé. Cette dernière particularité mérite d'être notée, car elle renferme peut être un concept inconnu aux Arabes du nord, ou tout au moins, non encore dûment constaté.

Nous avons retrouvé chez les Fuqarâ la plupart des sacrifices relatés et expliqués dans les *Coutumes des Arabes;* il nous paraît superflu de les décrire ici une seconde fois (3). Nous mentionnerons donc seulement les sacrifices qui sont propres à cette tribu ou qui, tout en existant ailleurs, renferment ici une nuance qui vaut d'être prise en considération.

Quand un faqîr achète un jardin, à Khaybar ou à el-'Ela, il immole une victime au moment d'en prendre possession et il asperge (4) de sang les arbres et le terrain; cette action a pour but de chasser le mal.

(1) Le Ṣafa est le désert où le rocher apparaît à fleur de terre. Au temps de pluie, l'eau se réunit dans les creux du rocher.

(2) Voir la description d'un sacrifice à Khaybar par C. Doughty, *Wanderings in Arabia, édition Garnett, 1908. Vol. II, p. 29.*

(3) Rappelons en passant la plupart de ces sacrifices en employant l'appellation des *Coutumes :* le sacrifice de la tente, du contrat, du ḥenneh ou de la 'arûs, de l'hôte, de l'enfant à sa naissance, de la circoncision, du mort, du ḍaḥiyeh, de la jument, de la pouliche, du gain ou du 'aqîd, du vœu, du rachat, *fédou.* Les Fuqarâ, ne bâtissant pas de maison en pierre, ne peuvent avoir le sacrifice de la maison, ni celui de l'arc, ni celui du linteau.

(4) Les Fuqarâ' se servent dans le langage courant du mot *rašûšah* » que nous pourrions traduire par « aspersion ou effusion de sang ».

Après avoir creusé un nouveau puits, on immole une victime sur la margelle, de manière à ce que le sang descende tout le long de la paroi, jusqu'à l'eau. D'autres fois, ce sont les assistants qui aspergent de sang la paroi : c'est la « *rašûšet el-bîr*.

L'achat d'un fusil nécessite l'immolation d'une brebis. L'arme est teinte de sang pour la mettre à l'abri du mal et lui assurer une justesse impeccable dans le tir.

L'acquisition d'un *delûl* ou chameau de course est aussi importante pour les Fuqarâ' que l'achat d'une bonne jument pour les Ḥaweiṭât. C'est pourquoi, son arrivée près de la tente est saluée par les cris de la victime qui est immolée pour lui; le sang est jeté sur l'animal : c'est le « *rašušet ed-delûl* ».

L'achat d'un esclave est accompagné d'un sacrifice comme l'achat d'un chameau.

L'introduction sous la tente d'une belle jument volée dans une razzia est accompagnée de l'immolation d'une chèvre ou d'une brebis : on met du sang sur le front de la jument; cela doit écarter le mal et lui donner hardiesse et sécurité dans la bataille.

Lorsqu'une jeune pouliche est tondue au campement, on fait aussi pour elle un sacrifice, et on l'oint de sang.

Quand les Fuqarâ' ont la bonne fortune de ressaisir de la main de leurs ennemis un troupeau qui leur avait été volé, ils regardent comme un devoir, à leur retour au campement, de faire une immolation à la face d'Allah, soit pour le remercier, soit pour écarter du troupeau tout mal à venir.

Un sacrifice analogue a lieu au retour d'une razzia heureuse, lorsqu'on a réussi à prendre quelques chameaux ou quelques brebis à l'ennemi. Chaque Arabe sacrifie une victime et en jette le sang sur le bétail volé.

Chaque fois qu'un faqîr voit en songe pendant la nuit son père ou sa mère ou un de ses proches, il se hâte le matin de faire un sacrifice pour la personne qui s'est manifestée à lui.

Il arrive fréquemment que dans une grave maladie, le faqîr s'engage à immoler chaque année une victime à la face d'Allah, s'il recouvre la santé. Si ses désirs se réalisent, il se croit obligé en conscience de tenir sa promesse. Et tous les ans, à l'époque de sa guérison, il choisit une victime, bien grasse, sans défaut, la promène tout autour de sa tente et lui ouvre le cou en face de la porte de sa demeure; c'est la victime annuelle, « *dawliyeh* ou *ḥawliyeh*. »

Toutes les fois que le faqîr a promis par vœu d'immoler une victime, il veille avec le plus grand soin à tenir sa promesse.

Lorsqu'un faqîr se trouve fatigué le matin en se levant, il est persuadé que la nuit un ǧinn est venu le frapper. Il se décide à apaiser cet ennemi, pour l'empêcher de lui nuire davantage s'il ne peut remédier au mal déjà commis. Il se procure à cet effet un bouc appelé : « *tays nâṭiḥ* », *un bouc chassant le mal*. Il l'immole à l'endroit même où il a dormi ; le sang coule à terre et pénètre doucement dans le sol. Ensuite la victime est enterrée sur place. Il est interdit de la manger, car, « probablement le ǧinn en a pris possession. »

Un sacrifice analogue au précédent est fait dans le cas d'une maladie ordinaire. L'année dernière, Moḥammed el-'abîd souffrait d'une violente douleur à la jambe. Il se fit apporter un bouc, l'immola de manière à ce que le sang jaillit sur la partie en souffrance. La victime fut ensuite ensevelie car « il n'était pas permis de la manger ».

Le jour où le faqîr revient de son pèlerinage à La Mecque, il doit faire un sacrifice dans sa tente avant de reprendre sa vie de famille et d'avoir des rapports avec sa femme. S'il omettait ce rite sacré, son pèlerinage ne compterait pas.

Le quarantième jour après la naissance d'un enfant, le bédouin réunit à sa demeure toute sa parenté, pour immoler une victime en faveur de son fils et pour lui imposer un nom. Le père fait le sacrifice, mais le nom est choisi généralement par un proche parent qui est en état d'offrir un présent : un chameau ou une brebis, au nouveau-né. En cette circonstance, chacun des assistants se conforme à l'habitude de donner un cadeau à la mère de l'enfant.

Un sacrifice est fait pour sceller l'adoption d'un étranger comme membre de la tribu. Le faqîr qui le reçoit sous sa tente et qui jure de le regarder désormais comme son frère immole lui-même la victime en présence de son protégé.

Il ne saurait être question, ici, de sacrifice humain. Mentionnons cependant un usage qui semble avoir conservé une apparence de cette ancienne coutume.

Dans une razzia, le 'aqîd, qui est pris, est toujours mis à mort ; il est littéralement saigné : on lui coupe la gorge et on lui tourne le visage contre terre, afin qu'il ne puisse pas voir le ciel. Même dans le cas où le 'aqîd serait rencontré mort, sur le champ de bataille, il est saigné, comme s'il était encore vivant.

§ 6. La circoncision.

C'est vers l'âge de trois ans que l'enfant est soumis à la circoncision chez les Fuqarâ' (1). La cérémonie revêt une certaine solennité. La veille au soir on dresse, auprès de la tente, une longue perche surmontée d'une oriflamme d'étoffe rouge et d'un bouquet de plumes d'autruche. Vers le coucher du soleil, les femmes du campement vêtues de leurs plus beaux habits, se dirigent vers cette tente, en chantant, les cheveux bien frisés, les yeux teints de kohel. Elles portent toutes un petit plat rempli de friandises qu'elles distribuent aux petits enfants. A la nuit tombante, la mère de l'enfant à circoncire apporte la nourriture qu'elle a préparée et la répartit entre les femmes présentes. Chacune de celles-ci reçoit une portion sur son petit plat et l'emporte sous sa tente pour la faire goûter à sa famille. Tout le campement est à la joie.

Le lendemain, lorsque le soleil est monté à l'horizon, de la hauteur de la tente, le père de l'enfant amène une brebis devant la porte de la demeure et fait monter son fils à califourchon sur le paisible animal. Le petit cavalier est promené tout autour de la tente. Lorsqu'il a terminé sa marche et qu'il arrive au point de départ, il se trouve en face d'un bédouin qui tient un sabre nu à la main. Cet homme, d'un coup vigoureux, coupe les pattes de la brebis, *yu'aqqiruha*, (يعقّرها). La victime s'affaisse : c'est la *'aqîrat el-walad* (عقيرة الولد) ; elle est aussitôt égorgée la tête tournée dans la direction de La Mecque. Elle est écorchée, mais non dépecée en morceaux (2). Ensuite, elle est déposée, entière, sous la tente, à côté d'autres victimes égorgées en nombre proportionné à la foule des arabes désireux de se rassasier.

La tête de la 'aqîrah est placée à une certaine distance pour servir de cible aux tireurs du campement qui s'exerceront à l'atteindre. Celui qui la touchera sera proclamé vainqueur et aura droit à une cuisse de la 'aqîrah. Il la recevra, cuite et toute préparée, et l'emportera sous sa tente pour la manger avec sa famille.

Le repas solennel a lieu dans la soirée. Tous les arabes du campement sont invités. Les femmes se réunissent pour chanter.

Le lendemain, après le lever du soleil, l'enfant est circoncis sous la tente. Le prépuce *'urlah* (غرلة) est coupé. Sur la plaie est mis un

(1) A Teima, l'enfant est circoncis dès l'âge de deux ans.

(2) Les entrailles de la victime sont enroulées autour d'une branche d'arbre plantée auprès de la tente et abandonnées aux oiseaux de proie.

peu de goudron, *quṭrân* (قطران) avec un morceau d'étoffe brûlé et du sel. La guérison est rapide.

Telle que la décrit notre interlocuteur, l'opération de la circoncision se pratique chez les Fuqarâ' suivant les règles observées par les musulmans des grandes villes, à Jérusalem, à Neby Mousa par exemple. Mais les Fuqarâ savent que certaines tribus ont d'autres usages. Ils ont entendu dire, entre autres récits, que les Beni-Murrah pratiquent la circoncision d'une façon fort différente. C'est avant son mariage que le jeune homme est circoncis. Le long du ventre, depuis le nombril jusqu'au membre viril, la peau est détachée et enlevée. Pendant l'opération, le patient doit rester imperturbable, sans donner aucun signe de douleur ; car sa fiancée l'observe, et elle refuse de l'accepter pour époux, si elle le voit manquer de courage ou l'entend se plaindre (1).

Chez les Fuqarâ, les femmes ne sont pas soumises à la circoncision, ni chez les habitants de Teima. Mais les filles des Haweiṭât, des Šarârât et des ʿAṭâwneh sont circoncises.

D'après la croyance de nos Bédouins, les femmes, chez eux, ne peuvent pas égorger une victime, car elles sont impures. Dans le cas où une brebis ou une chèvre devrait être saignée, la femme faqîrah est obligée de chercher un homme pour répandre le sang ; si elle n'en trouve pas, elle laisse crever l'animal plutôt que de l'égorger elle-même. Il n'en est pas ainsi chez les Nomades voisins, chez les ʿAṭawneh par exemple. Leurs femmes peuvent égorger les victimes, car elles ne sont pas impures, étant circoncises.

La circoncision des filles est faite par les femmes, avant le mariage (2).

§ 7. La chevelure.

Les Fuqarâ portent les cheveux longs, hommes et femmes. « C'est une honte de se couper les cheveux » dit notre interlocuteur (3). Les cheveux sont entrelacés en tresses *qurûn* (قرون) plus ou moins nombreuses. Le nombre peut varier de deux à dix tresses de chaque côté de la tête. Aucune différence n'existe dans la manière de tresser les cheveux chez l'homme et chez la femme. Mais cette dernière aime à les oindre d'huile et de beurre, tandis que ces onctions plaisent moins à l'homme.

(1) Pendant l'opération, le patient a coutume de dire, à haute voix : « Je suis le frère d'une telle et d'une telle » et il nomme ses sœurs.

(2) Cf. *Coutumes*, p. 35.

(3) A el-ʿEla, les hommes ne portent pas les cheveux longs.

La couleur des cheveux n'est pas indifférente aux yeux des Fuqarâ. C'est surtout la couleur rousse qui est estimée. « Si une jeune fille avait la chevelure rousse comme l'or, nous dit Qofṭan, elle passionnerait tellement les assistants qu'elle les empêcherait de manger. Pour obtenir cette couleur, les femmes se lavent la tête avec l'urine de chameau.

Les longs cheveux sont un signe d'intelligence, chez la femme. Si une fille a une chevelure très longue, des dents blanches comme des grains de riz, des yeux de gazelle, des seins comme des grenades, c'est une fille accomplie.

Lorsque une jeune fille se marie, on lui coupe les cheveux sur le front pour la rendre belle.

Sous le coup d'une grande tristesse, la femme coupe ses longues tresses pour manifester sa douleur, et exprimer son deuil (1) : elle en agit ainsi à la mort d'un époux, d'un frère ou d'un père. Elle dépose sa chevelure sur la tombe de l'être chéri qu'elle pleure, ou bien elle la suspend aux branches d'un arbre ou elle l'attache au sommet d'un rocher.

Le jeune homme a recours à un moyen analogue pour extérioriser sa douleur lorsqu'il voit donner à un concurrent une jeune fille dont il était épris.

Mais les hommes n'ont pas l'habitude de couper leur chevelure avant d'entreprendre une guerre ou une razzia. Sur le point du départ, ils se contentent de dénouer leurs tresses. « *Naqqad ra'soh*, (نقض راسه), *il a dénoué sa tête* » dit-on de quelqu'un qui s'apprête à partir en expédition.

En voyant le jeune homme délier ses tresses au campement, la jeune fille dit :

Naṭaḥany munaqqid ǧa'ûdoh
ya rabby, la tu'assif 'awdoh

Il m'a frappé celui qui délie ses tresses,
O Seigneur, n'abrège point sa vie.

نطحني مُنقّض جعوده
يا ربي لا تعصّف عوده

Et le jeune homme de répondre :

Iḏa baǧayt aḏully
yaṭry 'alayia ḫully

(1) Les femmes d'el-'Ela n'ont pas l'habitude de couper leurs cheveux, au jour du deuil.

Si je désirais mon déshonneur,
ma bien-aimée douterait de moi.

اذا بغيت الزلّى
يطري علىّ خُلّي

Chez les Arabes du Belqâ, on coupe les cheveux du jeune homme ou de la jeune fille qui vient de mourir, afin de les suspendre sous la tente et de les conserver en souvenir. Cette coutume n'existe pas chez les Fuqarâ'. « Ces cheveux troublent le cœur, dit-on ; inutile de les conserver ».

Couper les cheveux est un signe de deuil ; c'est aussi une marque de mépris ou de dégradation, lorsque cet acte est imposé.

Si un voleur ou un escroc est capturé dans un campement, il est amené sous la tente du cheikh et soumis à cette humiliation : ses cheveux sont coupés, sa barbe est rasée ; il est ensuite renvoyé au nom d'Allah, « *bism 'illah* ».

L'usage n'existe pas de vouer sa chevelure pour obtenir un bienfait de la divinité.

Lorsque la barbe commence à pousser, le jeune homme la fait raser trois fois avant de la laisser croître définitivement. C'est ce qu'on appelle *Ḥasnah*. (حسنة).

§ 8. La mort.

« L'Arabe est dans la crainte perpétuelle de la mort, jour et nuit », affirmait Qofṭân avec une franchise que nous avons rarement rencontrée sur la bouche d'un nomade. Il allègue deux motifs de cette frayeur : la mort le sépare des siens ; la mort le met en face du compte, *muḥâsabah*, qu'il doit rendre à Allah.

Aux manifestations extérieures de la douleur au moment où le moribond rend le dernier soupir, il est facile de voir combien dure est, aux yeux des vivants, la séparation dernière. Et ce trépas sous la tente, sur une pauvre couchette, sur le sable parfois, terrorise le malade en apparence si calme et si indifférent. Son esprit se tourmente à la pensée de l'avenir incertain des siens, à l'idée de sa propre destinée. Et il manifeste la plus vive répugnance à l'approche de ses derniers moments. Il est plus agité que l'Arabe qui succombe, frappé d'un coup mortel, sur un champ de combat. Et pourtant ce dernier, au moment où il s'élance dans la mêlée, sur sa jument ou son ḏeloul de race, appréhende aussi la mort. « C'est malgré lui qu'il affronte le danger », nous disait-on. Il est contraint d'agir ainsi pour défendre ses biens, ses troupeaux, sa famille, sa propre vie. S'il tombe dans le désert, atteint d'une balle ou d'un coup de sabre, il ne reverra plus sa tente, mais il sera abandonné aux oiseaux de proie ou à la mâchoire affamée de la hyène qui flaire le cadavre : cette perspective l'épouvante.

Mais, d'après notre interlocuteur, ce qui tourmente les Fuqarâ', c'est la pensée d'avoir à rendre à Allah un compte rigoureux. Deux anges, *Nâker* et *Nakîr* notent minutieusement toutes les actions des hommes. A l'instant où le faqîr cesse de respirer, il aperçoit devant lui les deux êtres mystérieux qui lui rappellent tout ce qu'il a fait pendant sa vie : actions bonnes et actes mauvais. Après cet examen détaillé le faqîr reste tranquille jusqu'au jour du grand compte, *yôm al-muḥâsabah,* qui est le jour de la résurrection *al-qiyâmah,* alors se représenteront de nouveau Nâker et Nakîr : les actions des faqîr seront placées dans la balance : les bonnes d'un côté, les mauvaises de l'autre. Ceux dont les vertus l'emporteront sur les vices seront invités par Allah à se diriger vers le Paradis où chacun se rendra par une marche plus ou moins rapide, suivant sa capacité. Ceux au contraire dont les mauvaises actions feront pencher le plateau de la balance, seront châtiés dans le feu, mais les Fuqarâ n'y resteront pas toujours. Les plus grands coupables seront punis dans le septième degré de la géhenne.

Nos interlocuteurs n'hésitent pas dans l'exposé de cette doctrine tout imbue de conceptions qoraniques. Jamais elle ne nous avait été formulée avec une semblable précision par les Bédouins. Les Arabes du Belqâ et de Kérak ont été beaucoup moins pénétrés par les idées islamiques; ils sont restés plus païens, plus superstitieux peut-être; sont-ils plus mauvais pour cela? Nous aurons l'occasion, un peu plus loin de parler de la morale des Fuqâra, de leur conception du mal, de l'influence de ces idées sur leur vie de chaque jour. Cet idéal servira peut-être à expliquer leur crainte de la mort.

Lorsque le faqîr, sous la tente, est sur le point d'expirer, on voit toute sa parenté se presser autour de lui : les femmes commencent à pousser des cris aigus; elles déchirent leurs vêtements et se couvrent la tête de poussière. Au chevet de l'agonisant se tient un membre de sa famille qui lui répète jusqu'à son dernier soupir la formule de foi musulmane : *la ilâh illa allah.*

Le cadavre est ensuite soigneusement lavé avec de l'eau chaude et du savon ; on répand sur lui des parfums; on l'entoure de la fumée odorante du bois de *qarânful* ou de *ḥayl.* On parfume aussi le linceul blanc, *kafân,* dans lequel il doit être enveloppé. Les mêmes soins sont donnés à la dépouille mortelle de la femme : une toilette complète est faite avec beaucoup de soins : le corps est lavé, les cheveux peignés, les yeux teints de koḥel, les bracelets ornent les poignets ; les colliers sont enlacés autour du cou. Les mêmes parfums sont brûlés autour de ce cadavre transporté par les femmes elles-même jusqu'auprès de la fosse. Mais les hommes se réservent le droit de descendre la défunte dans la tombe (1). Celle-ci, est creusée en terre, à 1 mètre de profondeur. Lorsque les Fuqâra sont à Médâin Ṣaleḥ, ils enterrent leurs morts au cimetière *maǧannah* qui se trouve à l'est du château, mais s'ils sont campés au désert, ils creusent la fosse auprès des tentes. Au fond, sur la terre nue, le mort est étendu sur le côté, le visage tourné vers le sud. Sous la tête est placée une pierre en guise d'oreiller ; au-dessus du corps, des dalles occupent la largeur de la fosse pour retenir la terre et l'empêcher de tomber sur le cadavre. On construit ainsi une sorte de voûte pour protéger ces derniers restes humains, et lorsqu'on juge que le travail est assez solide, on recouvre le tout de terre ou de sable. Par dessus, pour empêcher que le *saba'*, — terme générique pour désigner toutes les bêtes carnassières du désert — vienne déterrer le mort et le dévorer, on accumule des pierres : précaution nécessaire, mais parfois inefficace, si nous en jugeons par la grande quantité de tombes fouillées par les hyènes auprès de notre tente à Medâin-Ṣâleḥ. Il est vrai que c'était des tombes de militaires moins bien creusées peut-être que celles des Bédouins plus au courant des lois du désert.

Lorsque le monument funéraire est achevé, tous les Arabes présents se lavent les mains à côté de la tombe pour signifier qu'ils pardonnent au défunt toutes les injustices dont ils auraient à se plaindre. Ils font ensuite deux prostrations, *raka'atein*, et retournent ensemble au campement. On se réunit alors sous une tente pour boire le café, Le soir venu, un membre de la famille, le fils, le frère ou l'oncle du défunt, apporte une victime, mouton ou chèvre, et lui ouvre le cou derrière la tente. En l'égorgeant il dit : « *waniyat* (2) *'an rûḥ fulân*, victime pour l'esprit d'un tel ». L'animal est aussitôt dépecé, mis sur le feu, préparé et distribué aux assistants. Les Fuqarâ' n'immolent pas de victime auprès de la tombe (3) comme les

(1) Les Fuqarâ ne brûlent pas les cadavres, pas même ceux de leurs ennemis.

(2) Le terme *waniyah*, appliqué à la victime, veut dire proprement, grasse. Cette victime est offerte également pour les femmes mariées et pour les jeunes garçons, mais pour les jeunes filles on se contente du sacrifice du ḍaḥiyeh.

(3) *Coutumes des Arabes* p. 253, p. 371, s.

Arabes du nord. Mais à l'exemple de ces derniers, ils font un sacrifice solennel à la fête du Ḍaḥiyeh. La chamelle destinée à cette fin est parée, égorgée, préparée et distribuée aux pauvres de la même manière que chez les Arabes du Belqâ (1). Lorsqu'elle est dépecée, elle doit être cuite sur place ; personne n'a le droit d'en emporter un morceau sous une tente ou en dehors du campement, sans l'avoir fait passer par le feu ou du moins sans l'avoir saupoudré de sel. Le défunt a besoin de cette chamelle ; mais les gens ne connaissent pas la raison de cette nécessité. Est-ce pour accomplir le pèlerinage ? Est-ce pour se rendre au paradis ? Allah le sait, dit le narrateur. Mais le sentiment traditionnel oblige chaque famille à l'observation scrupuleuse de cette coutume (2).

Avant l'immolation de la victime du Ḍaḥiyeh, la veuve ne peut pas régulièrement se remarier ; elle doit rester dans une sorte de deuil officiel : elle porte un voile blanc sur la tête ; elle cache ses longues tresses de cheveux qu'elle coupe parfois en signe de douleur ; elle ne se met plus du koḥel sur les yeux : « c'est la loi du deuil pour la femme ».

§ 9. L'ÂME.

L'âme ne disparaît pas avec le corps, mais dans la croyance des Fuqarâ, jouit d'une certaine indépendance, même pendant la vie. C'est ainsi que durant le sommeil, tandis que les membres appesantis restent inertes, l'âme plus légère quitte le corps et va se promener. Dans sa course, elle aperçoit des objets agréables et elle se réjouit. Souvent aussi elle rencontre des désagréments. Elle est alors toute triste et son chagrin la poursuit même après sa promenade, lorsqu'elle a regagné son corps.

Après la mort, l'âme des Fuqarâ' a sa vie propre. Sous la forme d'un

(1) Chaque fois qu'un arabe dresse sa tente auprès de la tombe d'un membre de sa famille ou de sa parenté, il immole une victime pour le défunt.

(2) Le sacrifice pour les morts, si scrupuleusement observé par les Fuqarâ', n'aurait pas la même considération chez tous les Nomades. Pour nous en convaincre, on nous raconte le fait suivant :

Sous sa tente, un Šarâry était plongé dans la douleur, après la mort de son père. Ses voisins lui rendent visite et lui disent : « Pourquoi, au lieu de te lamenter, n'offres-tu pas le sacrifice pour les morts ? » « Je le ferai », répondit le Šarary. Et sur l'heure, il immole une victime qui, aussitôt écorchée, est mise dans la grande marmite. Quand elle fut cuite, il la suspendit aux piquets de la tente. Les assistants comptaient se régaler ; mais le Šarâry d'affirmer : « c'est la victime du défunt ; peut-être viendra-t-il la manger pendant la nuit. » Il la laissa intacte. Le lendemain, la chair n'avait pas été touchée : « Vous voyez bien que les morts ne mangent pas, » s'écria le Šarâry, et il la distribua aux assistants.

oiseau, elle monte vers le ciel, parfois aussi elle descend vers la géhenne. Mais d'une façon générale, nous dit Qofṭan, on croit que l'âme se rend à Jérusalem sous l'apparence d'une mouche, pour attendre dans le puits des âmes le jour de la résurrection. Les habitants de Teima pensent que les âmes se dirigent vers la maison d'Allah dont ils ignorent la situation et la forme. Le puits des âmes, à Jérusalem, leur est inconnu tandis qu'il semble tenir une place assez considérable dans la croyance des Fuqarâ'. On nous raconte l'anecdote suivante.

Aux temps anciens, une jeune fille, Fâṭima, fut tuée à Médâin-Ṣâleḥ. Son assassin demeura inconnu. L'esprit de la jeune fille, étant sorti de son corps, alla à Jérusalem et descendit dans le puits des âmes. Sa mère ne pouvait se consoler de la perte de son enfant; elle se mit en route vers la Ville Sainte, dans l'espoir de voir l'esprit de sa fille et d'apprendre le nom de l'assassin. Elle s'approche du puits et appelle : « ya Fâṭima, binti, O Fâtima, ma fille ». Et l'esprit de sa fille lui répond : « C'est un tel qui m'a tuée. Retourne en notre pays et avertis mes frères. » La malheureuse mère regagna sa tente et fit connaître aux frères de Fâṭima le nom de celui qui avait tué leur sœur. Ils usèrent du droit de vengeance et massacrèrent l'infortuné. L'esprit de ce dernier se rendit au puits des âmes, à Jérusalem. Il dit à l'esprit de Fâṭima : « Pourquoi tes frères n'ont-ils pas demandé le prix du sang au lieu de m'ôter la vie ? Ils auraient été satisfaits. Maintenant me voici plongé dans le malheur ».

Voyant les lois de la vengeance satisfaites, la mère de Fâṭima revint à Jérusalem et se pencha sur le puits des âmes. Elle aperçut l'infortuné assassin qui errait misérablement au fond du puits. Il portait au cou une corde dont les deux extrémités étaient tenues par deux hommes. Il était dévoré par la soif; mais chaque fois qu'il se courbait pour boire, les deux hommes tiraient violemment la corde et lui ramenaient la tête en arrière. A cette vue, la mère de Fâṭima poussa un cri d'horreur et tomba dans le puits des âmes. Pour éviter désormais de pareils accidents, l'embouchure du puits fut fermée. C'est la raison qui explique la présence d'une grande dalle sur le puits des âmes, à Jérusalem.

CHAPITRE IV

PLANTES ET ANIMAUX

§ 1. Arbres et plantes

Avec les noms des herbes mangées par les Fuqarâ nous avons noté quelques renseignements sur les arbres et les plantes qui croissent sur leur territoire. Il ne sera pas sans intérêt d'en donner une liste.

1. *Abou rekân*, (ابو ركان) arbuste qui croît dans la plaine; il sert de nourriture au chameau.

2. *Al- 'iṯâb*, (الاثاب) ressemble au peuplier (Hafner (1), p. 87).

3. *Al-iṯel*, (الاثل) tamaris de belle apparence et de grande dimension. Le tronc est assez considérable pour permettre aux Arabes d'y creuser leurs plats de bois. On le trouve daus les ouâdys qui aboutissent à Médâïn-Ṣâleḥ; il est très fréquent aussi auprès de Tebouk, (Hafner. p. 37; RB. 1905, p. 402).

4. *Al-arad*, (الارد) arbuste; cf. اريد dans Freytag.

5. *Al-arfağ*. (الارفج) arbuste produisant une fleur jaune; il fournit une bonne nourriture pour le chameau. Il n'est pas à confondre avec le rafûğ رفوج, partie inférieure de la branche du palmier.

6. *Al-ğuraybah*, (الجريبة) ressemble au qaṣiṣ; cf. الجربى اوبار, dans Freytag.

7. *Al-ğa'adeh*, الجعدة, teucrium sinaiticum; polium montanum (Hafner, p. 21).

8. *Al-ğanbâ*, (الجنبا) ressemble au ğuraybah; cf. جنب apud Freytag.

(1) Hafner, *Kitâb an-nabât waššağar*, *Beyrouth*, 1898.

9. *Al-ḥadîǧ*, (الحديج) est une dénomination de la coloquinte nommée ordinairement الحنظل; cf. حدج apud Freytag.

10. *Al-ḥamâṭah* (الحماطة), le figuier sauvage (Hafner, p. 44).

11. *Al-ḥanẓalah* (الحنظلة), la coloquinte (Hafner, p. 41).

12. *Al-ḫarîṭ* (الخريط), arbuste. Dans Freytag, اخريط, nomen plantæ ex eorum genere quæ حمض appellantur.

13. *Ad-dûm* (الدوم). Les Arabes du Ġôr donnent le nom du zaqqûm au fruit de l'arbre. Ce fruit est semblable à une grosse amende verte. Les indigènes le font bouillir et en extraient une huile employée contre les rhumatismes.

14. *Ar-rišâd* (الرشاد), raphonus lyratus (Freytag).

15. *Ar-rimṯ* (الرمث), caroxylum articulatum : bonne nourriture pour les chameaux.

16. *As-saḥam* (السحم), plante mangée par le chameau ; cf. سحيم سحم apud Freytag.

17. *As-salam* (السلم), arbre épineux qui produit une baie jaune à pépins verts ; il répand une odeur agréable.

18. *As-samer* (السمر), sorte de mimosa qui produit une baie mangée par les Arabes (Hafner, p. 33).

19. *As-sana* (السنا), le séné.

20. *Aš-šanân* (الشنان); dans Hafner, p. 26 الاشنان.

21. *Aḍ-ḍumrân* (الضمران), arbuste ressemblant au rimṯ (Hafner, p. 25).

22. *Aṭ-ṭarfâ* (الطرفاء), tamarix mannifera (RB. 1905, p. 402).

23. *Aṭ-ṭaleḥ* (الطلح), mimosa gummifera. Les Arabes nous disent qu'ils ramassent avec soin la *sève* qui suinte, pour s'en servir en guise de colle ou comme remède. La feuille est une bonne nourriture pour le bétail.

24. *Al-ʿarandah* (العرندة), *al-ʿarâdah* (العرادة), herbe qui répand un bon parfum; elle pousse dans le sable (Hafner, p. 26).

25. *Al-ʿawsaǧ* (العوسج), lycium arabicum (RB. 1905, p. 407).

26. *Al-ʿawnah* (العونة), plante laiteuse. Les Arabes emploient ce *lait* comme remède contre le mal de dents.

27. *Al-ʿašbah* (العشبة), herbe de 0 m. 10 de haut. Les Arabes la font bouillir et se servent de sa décoction pour se laver.

28. *Al-ʿašer* (العشر), pommier de Sodome. Chez les nomades, son bois brûlé entre dans la composition de la poudre ; son *lait* est employé comme remède contre la stérilité de la femme et de la jument ; le tissu très fin du fruit est recueilli et sert à faire des coussins (*Mission*..., p. 79 ; Hafner, p. 22 ; RB. 1905, p. 406).

29. *Al-ġazâlah* (الغزالة), herbe qui fournit une excellente nourriture pour le bétail.

30. *Al-ġada* (الغضا), ephedra alata (RB. 1905, p. 409).

31. *Al-qaṣîṣ* (القصيص), plante dont les Arabes se servent pour se laver la tête (Hafner, (1) p. 17).

32. *Al-qamlân* (القملان). arbuste qui donne un fruit comme le poivrier; bonne nourriture pour le chameau.

33. *Al-kufnah* (الكفنة), arbuste qui en se desséchant laisse une baie rouge qui entre dans la composition d'un remède contre le mal d'yeux (Hafner, p. 18).

34. *Al-matnân* (المتنان), ressemble au 'arfaǧ.

35. *Al-mareḫ* (المرخ) leptadenia pyrotechnica (RB. 1905, p. 406; Hafner, p. 42).

36. *Al-'umṭy* (الامطى) (Hafner, p. 31).

37. *An-naṣy* (النصي), sorte de chardon.

38 *An-nefel* (النفل) (1), herbe à fleur jaune.

39. *Al-hâḏ* (الهاذ); cf. Freytag, ad verbum.

40. *Al-yṣar* (اليصر) ايصر? ap. Freytag.

§ 2. Les oiseaux. (2)

1. *'Abel'âla'* (ابلعلاع), plus petit que le pigeon; cf. بلعلع dans Freytag.

2. **Abou sa'ad* (ابوسعد), la cigogne.

3. **Abou qâyûq* (ابوقايوق). Est-ce le même que قيق, semblable à la colombe, et appelé ابوزريق en Syrie? (Damîry (3) II, p. 215).

4. *Baṭṭ* (بطّ), le canard, appelé aussi *wazz*.

5. **Bûmah* (بومة), le hibou (Damîry, I, p. 135).

6. *Ḥebâra* (حبارى), oiseau au long cou et de couleur cendrée; vol lourd (Damîry, I, p. 189).

7. *Ḥamâmah* (حمامة), le pigeon; très nombreux auprès des puits de Médâïn-Ṣâleḥ et à el-'Ela (Damiry, I, p. 215).

8. *Ḥummarah* (حمّرة), oiseau petit comme le moineau (Damîry, I, p. 222).

(1) Au printemps, les femmes la ramassent et la font sécher. Elles la laissent tremper dans l'eau dont elles se servent pour se laver la tête.

(2) L'astérisque * indique que l'oiseau n'est pas mangé par les Fuqarâ. La liste est dressée d'après l'alphabet arabe.

(3) Kitab hayiat al-haywan, Le Caire, 1322 de l'Hégire.

9. *Ḥawwâm*, حوّام, gros oiseau grisâtre. En arabe, le mot حائم signifie l'oiseau qui vole autour de l'eau.

10. **Ḫamâ* (خما), oiseau ressemblant à la cigogne.

11. **Raḫmah* (رخمة), oiseau ressemblant à l'aigle (Damîry, I, p. 310).

12. *Sa'ady* (سعدي) (سعداذة), sorte de pigeon (Damîry, II, p. 17).

13. *Semâk* (سماك), oiseau blanchâtre de la grosseur d'un petit poulet.

14. *Šinnîr* (شنّير), la perdrix. Le mot indique deux sortes de perdrix; la grande qui atteint la grosseur d'un poulet, et la petite, rouge, qui vit au Sinaï et en Moab. L'appellation šinnîr répond au mot šunnar usité en Syrie.

15. **Ṣaqer* (صقر), le faucon. Les Arabes s'en servent pour chasser la perdrix, le lièvre et même la gazelle; ils le prennent quand il est jeune et le dressent avec soin (Damîry, II, p. 52).

16. *Ṭaršâh* (طرشة), oiseau ressemblant à la perdrix.

17. *'Iqâb* (عقاب), oiseau de proie (Damîry, II, p. 101).

18. **Ġurâb* (غراب), le corbeau, en nombre considérable à Médâïn-Ṣâleḥ et à el-'Ela, lors de notre passage; oiseau de mauvaise augure.

19. *Ġarq* (غرق), oiseau de la grosseur du 'iqâb; cf.; غرياق (Freitag). D'après nos Arabes ce serait le *Dîk eǧ-ǧibâl* (ديك الجبال), l'outarde d'Arabie. Nous avons pu nous en procurer un et, par l'entremise de M. le comte Jean de Kergorlay qui a eu l'extrême amabilité de le faire préparer, l'offrir au Muséum.

20. *Ġarnûq* (غرنوق) oiseau blanc, au long cou, de la grosseur d'un poulet (Damîry, II, p. 145).

21. *Ġaḍîrah* (غضيرة), oiseau jaune et bleu; cf. غضارة apud Freytag.

22. *Qubeiṣ* (قبيص), est peut-être le même que le قبيطة de Damîry, II, p. 195.

23. *Qaṭa*, (قطا), sorte de perdrix.

24. *Qamriyah* (قمرية), sorte de tourterelle, d'une couleur rouge foncée (Damîry, II, p. 207).

25. *Kandarah* (كندرة), ressemble au ḥebâra, a des oreilles très visibles et des plumes autour des oreilles; oiseau de passage.

26. *Merei'iah* (مريعية), diminutif probable de مرعة (Damîry, II, p. 261),

27. *Neser* (نسر), l'aigle (Damîry, II, p. 281).

28. *Na'ǧat al-mâ'* (نعجة الما), la brebis de l'eau; ce surnom s'applique vraisemblablement au canard.

29. *Hedeyah* (هدية), oiseau jaune qui pousse des cris en guise de chant; il est de la grosseur de la cigogne (Damîry, II, p. 308).

§ 3. Le chameau.

La principale richesse des Fuqarâ consiste en troupeaux de chameaux. La razzia et l'élevage sont les deux moyens d'accroître cette fortune. L'élevage est facile, les troupeaux vivant toujours dans la steppe, au désert. La chamelle porte treize mois. Après quelques mois de liberté, le jeune chameau est sevré. On lui met dans la bouche le *ḫilâl* (خلال) ou morceau de bois qui l'empêche de têter et on attache en même temps le pis de la chamelle avec le *ṣirr* (صرّ) (1).

La chamelle ne se laisse pas traire facilement. Si elle ne sent pas son petit auprès d'elle, elle refuse son lait. Si son petit crève, le propriétaire approche un autre petit chameau ou bien il arrange, avec un morceau d'étoffe et des herbes sèches, une forme quelconque de petit chameau qu'il place sous la chamelle pour la tromper et pouvoir la traire.

Le lait de chamelle est bu dans la journée ; rarement, il passe plus de vingt-quatre heures au campement.

Avec le lait, les Fuqarâ utilisent aussi le poil de leurs chameaux. C'est à la fin du printemps, qu'il est coupé avec des ciseaux ou bien qu'il est ramassé avec la main ou avec un peigne au moment où il est prêt à tomber. Ce poil est filé au campement et utilisé pour la confection des cordes ou des sacs nécessaires aux nomades. Les tentes ne sont pas en poils de chameau mais en poil de chèvre.

Les Fuqarâ, comme tous les nomades, mangent la viande de chameau. La graisse de la bosse, fondue et préparée, est conservée dans une outre et employée en guise de beurre, mais elle n'en possède ni la saveur, ni le bon goût. 'Awdeh raconte que plusieurs Arabes avaient un jour demandé l'hospitalité dans un campement. Ils refusèrent de manger le repas préparé avec la graisse de chameau, se croyant méprisés dans leur dignité : ils voulaient du beurre.

Chez les Fuqarâ le chameau a différentes appellations suivant son âge,

Ḥuwâr (حوار), jeune chameau non sevré.

Mafrûd (مفرود),

Maḫlûl (مخلول), chameau sevré.

Ḥiqq (prononcé *ḥiǧǧ*) (حق), chameau de deux à trois ans.

Ǧida' (جذع), chameau de trois à quatre ans.

Ṯany (ثني), chameau de cinq à six ans.

Riba' (رباع), chameau de six à sept ans.

(1) Cordon qui sert à lier l'extrêmité du pis de la chamelle avec un morceau de bois.

Le nom de *ba'îr* (بعير) s'applique à tous les chameaux ; le *delûl* (ذلول) est le chameau de course : la chamelle est appelé *en-nâqah* (الناقة).

Si un chameau se blesse ou se fend le pied, le faqîr lui met un morceau de cuir pour le préserver.

L'utilité du chameau, pour les habitants du désert, est inappréciable. Sans lui, les Fuqarâ seraient dans l'impossibilité de sortir de leur pauvre territoire, tandis que avec leurs deluls ils atteignent facilement les confins de la Syrie.

Le harnachement du delûl est des plus simples. La selle, *šadâd* (شداد) est en bois; elle se place sur la bosse qu'elle emboîte parfaitement. Elle est recouverte d'un petit lapis (فرش) sur lequel les Fuqarâ les plus aisés mettent une peau de brebis *ga'âd* (جعاد). La selle est attachée par deux cordes : une en avant, nommée *ab-biṭân* (البطان) et une en arrière, appelée *al-ḥaqab* (الحقب),

Après une longue course, le bédouin aime à se coucher auprès de son chameau. Au besoin, il utilise les crotins, le matin, pour faire le feu.

Le fait d'égorger un chameau au désert pour boire l'eau qui est dans l'estomac de l'animal est connu des Fuqarâ. On nous raconte une histoire récente. 'Aly ben Moḥammed fit une razzia contre le Ḥawrân. Arrivés près de Ṭebeiq, 'Aly et ses compagnons étaient torturés par la soif. Ils ouvrirent la poitrine d'un chameau et pressèrent l'estomac pour avoir un peu de liquide. Grâce à cette ressource, la troupe put atteindre Ma'an.

Ce récit n'étonna nullement les Fuqarâ qui nous entouraient : « car, dit un des assistants, il n'y a pas un faqîr, qui, un jour ou l'autre, n'ait dû recourir à l'urine de son chameau pour étancher sa soif ».

Cet animal, qui paraît si fort, est sujet à une foule de maladies. On nous en nomme quelques-unes.

Ĝuddah (غدة), bouton pestilentiel.

Naḥaz (نحز), maladie du poumon.

Ṭayr (طير), douleur au cou.

'Arah (عرة), bouton sous le cou, gale.

Sarrar (سرر), douleur à la partie du poitrail qui touche la terre lorsque le chameau s'accroupit.

Ġarab (جرب), gale.

Fassâk (فساك), chameau dont le pied se fend.

'Aḍad (عضد), maladie de l'épaule.

'Atiq (عاتق), foulure sur le cou.

Minsirqah (?), maladie à l'épaule.

Ṣuwar (صور), chameau qui s'étrangle en mangeant.

Qaṣar (قصر), chameau qui baisse la tête.
Ḥafrah (حفرة), maladie des dents.
Ṣafârah (صفارة), peau qui couvre les yeux.
Šadaq (شدق), maladie qui oblige à ne manger que d'un côté.
Našar (نشر), enflure sur une jambe de devant.
Mašaš (مشش), callosité au pied.

Pour soulager la plupart de ces maladies, le nomade n'a guère d'autre remède que le fer rouge.

Quand les bédouins veulent purger leurs chameaux ils les maintiennent pendant l'espace de quatre à cinq jours, dans un terrain salin où les plantes elles-mêmes sont plus ou moins imbibées de sel. Le chameau, en mangeant ces plantes, est pressé par la soif, mais il ne peut boire si ce n'est après le temps fixé. Conduit ensuite à l'abreuvoir, il absorbe une grande quantité d'eau. L'abondance du liquide, survenant sur la nourriture salée, produit une diarrhée salutaire.

Le faqîr n'insulte pas son chameau. Quand il est irrité contre lui, il lui souhaite seulement d'être pris par l'ennemi.

§ 4. La jument.

A l'heure actuelle, les Fuqarâ possèdent une quinzaine de juments : leur pauvreté ne leur permet guère d'en nourrir davantage. Ils n'ont aucune dénomination particulière pour les désigner et ne connaissent point d'autres races que celles des Arabes du nord. La couleur préférée est la *Šaqrâ* « rousse alezane », avec la *ǧurrah*, tâche blanche sur le front. Chez les Heteim et les Ḥarb, tribus voisines, on rencontre des juments de couleur noire, très appréciées. Moḥammed el-ʿabîd, notre guide avait une petite jument blanche, très alerte, qu'il avait achetée à un Šammâr pour six chameaux.

Une grande partie de l'année, les juments sont envoyées aux pâturages. La ration quotidienne d'orge est très petite; parfois elle est supprimée. Elle est remplacée par le lait de chamelle, lorsqu'il est abondant au campement.

Lorsque la jument est inféconde, les Fuqarâ lui introduisent dans le corps la graine de palmier, très finement moulue. L'étalon la féconde ensuite facilement. L'opération s'appelle iʿbâr (اعبار). Dans le même but, ils utilisent la sève (le lait) du *ʿašer*, pommier de Sodome.

Chez les Fuqarâ, les troupeaux de moutons et de chèvres, ne sont pas nombreux, car les pâturages font défaut. Pendant que nous étions à el-'Ela, nous avons vu des Arabes de la tribu des Bély amener des moutons de fort belle apparence ; ils étaient élevés entre l'ouâdy el-Qura et la mer Rouge.

Les bédouins ont quelques ânes, pour le service des tentes. A el-'Ela, nous avons remarqué des vaches de taille très petite et de chétive apparence. Si on ajoute à cette énumération quelques poules et les chiens des campements, on aura, croyons-nous, la nomenclature complète des animaux domestiques chez les Fuqarâ.

Les animaux sauvages qui fréquentent leur désert sont : l'antilope. *baqar el-mâ*. Les bédouins les chassent lorsqu'elles sont jeunes et viennent les vendre aux pèlerins à Médâin-Ṣâleḥ. — Les gazelles sont nombreuses. Pendant que nous étions à Ḥeğer, les bédouins nous ont présenté trois fois de la viande de bouquetin. Le loup, le renard, la panthère ne sont pas rares dans ce désert. Quelques nomades prétendent avoir vu le lion aux environs de Ğebalah. « Le lion, nous dit un faqîr, a les yeux rouges, la tête énorme, les griffes longues ». Nous n'avons pas eu l'occasion de contrôler cette description.

§ 5. Les sauterelles.

Les sauterelles ne sont pas sans importance au désert de Teima. Le mâle s'appelle *za'îr* (زعير) et la femelle, *dammûnah* (دمونة); la petite sauterelle porte nom *dabâh* (دباة). A leur naissance, les sauterelles sont noires. En croissant, elles prennent une couleur jaunâtre qui s'accentue vers le rouge après avoir frisé le blanc.

La sauterelle, la plus appréciée pour son goût, s'appelle *munaṣiṣ* (منصص) ; elle est de couleur jaune et de grande dimension.

C'est au printemps, généralement, qu'elles font leur apparition. Elles accourent de l'est, portées par le vent qui les pousse parfois jusqu'à la mer Rouge. A leur arrivée, les Fuqarâ se livrent à une grande cueillette, le matin, avant le lever du soleil. Après les avoir fait bouillir et sécher, ils en préparent, avec leurs petits moulins à bras, une sorte de farine qui leur sert d'assaisonnement pour les mets (1). Au lieu de les jeter dans l'eau bouillante, ils les exposent parfois au feu, dans une grande fosse et les font griller. Ils les écrasent ensuite sous la meule du moulin, pour les conserver en farine. Ils les mangent également lorsqu'elles sont rôties.

(1) Cf. *Mission*... II, p. 140.

« Elles sont excellentes pour l'estomac, nous dit un bédouin ; il ne saurait en être autrement puisqu'elles se nourrissent de toutes les plantes du désert ». Les Arabes ont constaté qu'au printemps, elles ont meilleur goût; elles sont grasses, alors, et ont une chair parfumée. En automne, elles sont plus sèches et plus maigres.

Elles arrivent parfois comme un torrent dévastateur, détruisant tout sur leur passage : herbes et arbustes sont tondus; les dattes ne sont pas à l'abri de leurs dents voraces; sous la tente, les outres de cuir doivent être mises hors de leur portée. Un enfant des Bešer, posé à terre, eut le visage dévoré par ces insectes.

Leur apparition au désert n'est pas trop redoutée « car, disent les Arabes, si elles dévastent les pâturages, nous les mangeons ».

§ 6. Les serpents.

Les serpents connus de nos bédouins sont :

Aṣ-ṣayḏa (الصيدا), tâcheté de blanc et de rouge, court et venimeux.

Ad-ḏâb (الداب), tâcheté, long et venimeux.

Al-burmah (البرمة), tâcheté, court et venimeux.

Aṭ-ṭayiâr (الطيار), tâcheté, court et venimeux.

Abû qara' (ابوقرع).

Abû qarnein (ابوقرنين).

Lorsqu'un Arabe est mordu par un serpent il fait, si cela lui est possible, une incision, avec un instrument tranchant, à l'endroit atteint et il suce le sang.

*
* *

Les scorpions sont nombreux, mais peu nuisibles. Ils sont moins redoutables que l'araignée, *šebaṯ* (شبث) sorte de tarentule dont la morsure est mortelle pour les enfants.

TABLE DES NOMS

TABLE DES MOTS ARABES

TABLE DES MATIÈRES

ERRATA

P. 25, l. 15, l'exis-, lire : l'existence ; p. 45, l. 13, البحل, lire : البجل ; l. 20, احبيجة, lire : الحبيجة ; p. 49, l. 28, نكيربه, lire : نكيريه ; p. 74, l. 19, حسبة, lire : حسنة.

Par suite des circonstances défavorables dans lesquelles l'impression de ces notes a été achevée, un certain nombre d'autres fautes sont restées ou se sont glissées, au tirage définitif, principalement dans les mots arabes. Comme la plupart du temps ces mots sont transcrits en caractères latins, le lecteur voudra bien corriger les fautes d'arabe à l'aide de la transcription.

Le Puy-en-Velay. — Imprimerie Peyriller, Rouchon et Gamon.

www.ingramcontent.com/pod-product-compliance
Ingram Content Group UK Ltd.
Pitfield, Milton Keynes, MK11 3LW, UK
UKHW020326250726
13967UKWH00004B/1885